THOMAS PIKETTY

PEUT-ON SAUVER L'EUROPE?

トマ・ピケティの

新・資本論

トマ・ピケティ｜著 Thomas Piketty

村井章子｜訳 Akiko Murai

日経BP社

日本語版への序文

本書は、数年にわたってリベラシオン紙に連載していた時評をまとめたものである。この小さな本が日本語に翻訳され、日本の読者がいささかなりとも興味と関心を持っていただけるなら、たいへんうれしい。ここに収めたテクストは、グローバル金融危機直後からその余波が尾を引く状況の中、またユーロ圏が深刻な信頼の危機に襲われ、デフレと景気後退に直面する中で、社会科学の一研究者が公の議論に参画し、政治や経済にまつわる時事問題を読み解こうとする試みを形にしたものである。

おそらく賢明なる読者は、自国の置かれた状況がヨーロッパといくらか似ていると気づかれることだろう。日本もまた巨額の公的債務を抱えているし、個人資産が急激に増えている点でもヨーロッパと共通する。だから本書は、日本の読者にもなにがしか役に立つと信じる。本書が日本において有意義な議論を喚起するきっかけになれば、著者としてこれにまさる喜びはない。

パリにて、二〇一四年一二月一五日

トマ・ピケティ

目次

第2部（二〇〇七〜二〇〇九年）公的資金注入合戦

第4部（二〇一二～二〇一四年） 経済成長はヨーロッパを救うか

序文

本書は、フランスの日刊全国紙リベラシオンに二〇〇四年九月から二〇一二年一月まで毎月連載した時評を、加筆訂正せずにまとめたものである。(*1)いま読むと古くなってしまったものもあるが、そうでないものもある。全体として本書は、社会科学の一研究者が日々世界を理解し分析して、世の中の議論に一石を投じようとした試みと言えよう。この試みを通じて筆者は、研究者としての立場と責任を、市民としての立場と責任と融合させようと努めたつもりである。

二〇〇四〜二〇一二年という時期を特徴づけるのは、何と言っても二〇〇七年に始まったグローバル金融危機である。当然ながら多くの時評がこの問題に割かれており、この危機において中央銀行が果たした新しい役割を理解すること、アイルランドとギリシャの危機の相違点と共通点を分析することを試みた。もちろんこの時期であっても、十年一日のごとき国内の問題の重要性が薄れたわけではない。税の正義、年金改革、大学改革などは国家の未来にとってつねに重要な課題であり、大統領選挙においても争点となった。しかし、この時期の終わり近くになると、欧州連合（ＥＵ）の問題がひときわ重みを増すようになる。多くの人々が託した希望をＥＵは果たして実現できるのだろうか。ヨーロッパは一つの地域大国として、また一つの民主的政治主体として、常軌を逸したグローバル資本主義の手綱を再びとることができるのだろうか。それとも、規制緩和と競争原理に身を任せるだけの官僚機構に成り下がり、またしても市場を前にして国家が衰退していくことになるのだろうか。

簡単に整理しておくと、二〇〇七年夏にアメリカの住宅バブルの崩壊とサブプライムローンの不良債権化から始まった金融危機は、翌年九月にリーマン・ブラザーズの破綻を引き起こした。これは、二一世紀型の世襲資本主義にとって最初の危機と捉えることができよう。

振り返ってみると、市場の自己規律が過信され、金融の規制緩和が始まったのは、一九八〇年代初めのことだった。この頃になると、一九三〇年代の大恐慌とその後の大混乱の記憶は、すでに薄れていたのである。景気停滞と物価上昇が同時に起きた一九七〇年代のスタグフレーションは、戦後期の特殊な状況で急遽策定されたケインジアン政策の限界を示したと言える。「栄光の三〇年」（一九四五〜七五年）の戦後復興と高度成長が終わると、一九五〇〜六〇年代の政府の巨大化と増税は、当然ながら見直されることになる。(*2) 規制緩和の動きは一九七九年頃からまずアメリカで、次いでイギリスで起きた。英米両国は、次第に日本、ドイツ、フランスに追いつかれることに苛立っており、とくにイギリスの場合は、次々に追い越されることに堪えがたい思いをしていたのである。こうした国民の不満を見抜いたレーガンとサッチャーは、国は解決ではない、国こそが問題なのだと述べた。そして、アングロサクソンの起業家精神をだめにしてしまう国家の介入や規制を廃止し、第一次世界大戦前の純粋な資本主義に回帰しようと訴えた。この流れは加速し、一九九〇年頃からヨーロッパ大陸にも拡がる。ソビエトの崩壊によって資本主義に対抗するイデオロギーが存在しなくなると、人々は「歴史の終わり」を、そして株価の恒久的上昇に支えられた「新しい成長」を信じるようになった。

二〇〇〇年代初め、ヨーロッパとアメリカの株と不動産による富は一九一三年の水準に再び届いたと思う間もなく、あっさり上回った。金融危機直前の二〇〇七年には、フランスの家計部門が所有する固定資産・金融資産の合計（負債差引後の純額）は、九兆五〇〇〇億ユーロに達している。これは、フランスの国民所得六年分に相当する。その後二〇〇八～〇九年にいくらか減ったものの、二〇一〇年には再び記録を更新し、現在は一〇兆ユーロを上回っている。この数字を歴史的視点から見ると、ここ一世紀の間ほど富がうまく運用されたことはなかったと言える。個人が保有する純資産は現時点で国民所得六年分に相当するが、一九八〇年代には四年分にも届かなかったし、一九五〇年代には三年分にも満たなかった。フランスの富がこれほどゆたかだった時代は、ベルエポック（一九〇〇～一九一〇年）まで遡らなければならない。その頃は、資産所得比率がやはり六～七倍に達していた。(*3)

なお、このような富の拡大は、必ずしも規制緩和だけによるのではない。むしろ、二〇世紀前半の二度の大戦で被った損害からの長期的な回復と、先進国におけるここ数十年間の低成長により、資産所得比率は自動的に大幅上昇を遂げたと言うべきだろう。富裕国は、歴史的にみて富が拡大する一方で産出と所得の増加ペースは鈍化する時期に入っており、これはしばらく続きそうだ。「栄光の三〇年」の間、資本主義は次の局面に入ったのだと、それは言うなれば資本なき資本主義なのだと、人々は誤解していた。しかし実際にはそれは戦後復興期の過渡的な現象にすぎなかった。長期的にみれば、富なき資本主義、つまりは世襲財産なき資本主義はあり得ないのである。

それでもやはり、一九八〇〜九〇年代に実施された規制緩和が、事態を一段と困難にしたことはまちがいない。その結果として、二一世紀初めの金融システムと世襲資本主義は、脆く、変動しやすく、ますます予測不能になった。金融産業は何の監視も受けず、慎重な規制もなく、報告の名に値する報告もしないままに、四方八方に枝を伸ばしたのである。金融に関するごく初歩的な国際統計でさえ、一貫して整合性を欠いている。たとえばグローバル・ベースで見ると、正味金融資産は世界全体でマイナスになっている。これは論理的にあり得ない——地球の資産を火星が所有しているなら、話は別だが。実際には、経済学者のガブリエル・ズックマンがこのほど発表したように、金融資産の相当額がタックスヘイブン（租税回避地）にあり、それを所有している非居住者がしかるべく申告していないのである。(*4) この現象は、とくにユーロ圏に顕著に見られる。したがってユーロ圏の正味金融資産は、公式統計とは逆に大幅なプラスのはずである。ヨーロッパの金持ちには財産の一部を隠す理由が大いにあり、EUはそれを防ぐために、いますべきことやできることを怠っている。

もうすこし一般的な話をすれば、ヨーロッパは、政治的にばらばらで団結できずにいるせいで、金融システムの不安定性と不透明性に対して脆弱になっている。金融機関とグローバル化した市場にふさわしい用意周到な租税規則を適用するうえで、一九世紀型のヨーロッパの国民国家がもはやその適役でないことは明らかだ。

ヨーロッパを悩ます問題は、もう一つある。統一通貨ユーロと欧州中央銀行（ECB）だ。この組み合わせが構想されたのは、一九八〇年代終わりから九〇年代初めにかけてのことである（ユーロ紙幣が流通するようになったのは二〇〇二年一月だが、マーストリヒト条約は一九九二年二月に調印されている。フランスは同年九月の国民投票を経て批准した）。当時は、中央銀行というものはただ踏切番をしておればよいと考えられていた。つまり、インフレ率を低めに抑え、通貨供給量をおおむね経済活動と同じペースで増やしていれば、それでよいと考えられていた。一九七〇年代のスタグフレーションを経験したあとでは、政府も世論も、中央銀行は政府から独立しているべきだと考えていたし、その唯一の使命はインフレ抑制にあると信じていたのである。こうしてヨーロッパは、歴史上初めて、国家のない通貨、政府のない中央銀行を創設したのだった。

中央銀行には、経済や金融の大規模な危機に見舞われた際に金融市場を安定させ、連鎖倒産を食い止めて広範な恐慌を防ぐ役割のあることが、このとき忘れられてしまったのである。中央銀行のこの忘れられた役割を否応なく思い出させたのが、このほどのグローバル金融危機だった。世界の二大中央銀行、すなわち連邦準備制度理事会（FRB）と欧州中央銀行（ECB）が大量の通貨増発（二〇〇八年、〇九年に各GDP比十数パーセント相当）をして〇～一％という超低利で民間銀行に融資しなかったら、一九三〇年代の大恐慌に匹敵する不況が起き、失業率は二〇％を上回ったかもしれない。じつに幸いなことに、FRBもECBも最悪の事態を免れる方法をわきまえていた。大恐慌当時の中央銀行は銀行が次々に倒産するに任せるという過ちを犯したが、今回その悪夢の再現は避けることができた。中央銀行が持つ無制限に通貨を創造する能力は、言うまでもなく厳格に制限しなければならない。だが大規模な危機に直面したときに、最後の貸し手としてのこの能力と役割を放棄するのは、自殺行為と言うべきだろう。

しかし、この現実主義のおかげで最悪の事態を回避し一時的な火消しはできたものの、そのせいでまことに好ましくないことに、災厄の構造的原因は真剣に問われずに終わってしまった。金融業界の監督は、二〇〇八年以降ごくわずかしか進化していない。しかも危機の根本原因である不平等の問題には、誰もが気づかないふりをしている。低・中所得層の所得の停滞と不平等の拡大は、アメリカでとくに顕著である（一九七七〜二〇〇七年までの三〇年間の成長の六〇％近くは、人口のわずか一％にすぎない最富裕層が吸収している）。これが個人の負債の爆発的な増加に寄与していることはまちがいない。(＊5)

二〇〇八〜〇九年に中央銀行が民間銀行を救済したにもかかわらず、ユーロ圏は二〇一〇〜一一年に公的債務危機という新たな局面に突入してしまう。ここで注意すべきは、われわれを悩ますこの第二の局面が、ユーロ圏だけに限られていることである。アメリカ、イギリス、日本はヨーロッパよりも公的債務が多い（それぞれＧＤＰ比一〇〇％、八〇％、二〇〇％。これに対してユーロ圏は八〇％である）。にもかかわらず、債務危機には見舞われていない。原因ははっきりしている。ＦＲＢも、イングランド銀行も、日本銀行も、それぞれの政府に二％以下の低利で貸しているからだ。おかげで市場は落ち着いており、長期金利も安定している。翻ってＥＣＢは、域内のどの国の政府にもごく少額しか貸しておらず、このことが現在の危機につながっている。

ＥＣＢだけがなぜこのような方針を採っているのか。その理由は、ドイツが負ったトラウマにあるとされている。同国は一九二〇年代にハイパーインフレを経験しており、何としてもその再現を避けたい思いがあるというのだ。だがこの説明に説得力があるとは言いがたい。誰もが知っているとおり、今日の世界を脅かしているのはハイパーインフレではない。むしろ長期的なデフレ傾向であり、物価、賃金、生産の下落あるいは停滞である。実際にも、二〇〇八〜〇九年の途方もない通貨増発は、ほとんどインフレを招かなかった。そのことは、ドイツも十分わかっているはずだ。

もうすこし説得力のある説明としては、数十年にわたり政府が悪者にされてきたため、民間銀行を救うのは当然でも政府を救うにはおよばないという考え方が浸透した、というものがある。だが、政府介入批判が非常に強かったアメリカとイギリスでも、中央銀行は最終的に現実主義に目覚め、躊躇なく国債の大量購入に踏み切っている。

ほんとうの理由は、こうだ。ヨーロッパが直面している固有の問題、そして現在の危機の主な原因は、通貨同盟とＥＣＢのそもそもの制度設計がまずかった、ということである。危機のさなかに制度を作り直すのは、不可能ではないにせよきわめてむずかしい。根本的なまちがいは、国家のない通貨、政府のない中央銀行、共通予算政策のない共通財政目標が可能だと考えたことにある。通貨は共通なのに債務は共通でないという組み合わせは、うまくいかない。平時であればなんとかなるにしても、危機ともなれば立ち行かなくなる。

単一通貨を創設するということは、通貨同盟加盟国について為替投機をできなくするということだ。もはやフラン高ドラクマ安に賭けるとか、マルク高フラン安に賭けるといったことは、できない。だがこのとき、為替投機の代わりに、加盟各国の国債金利の投機があり得ることに考えがおよばなかった。しかもだいたいにおいてこちらの投機のほうが、為替投機より始末に悪い。為替相場で攻撃を仕掛けられたら、すぐさま自国通貨を切り下げればよろしい。こうすれば、少なくとも自国の競争力は取り戻すことができる。だが単一通貨を導入した瞬間に、この方策は使えなくなった。理論的には、これで金融の安定性が得られるはずだった――だが、どう見てもそうはなっていない。

現在ヨーロッパが直面する国債金利の投機はとりわけたちが悪く、政府財政をきちんと運営できない状況になっている。なにしろ、額が大きすぎるのだ。仮に政府債務残高が国内総生産（GDP）の一〇〇%だとしよう。すると、国債金利が二%から五％に跳ね上がったら、年間の利払いがＧＤＰ比二％から同五％に膨らむことになる。つまり、ＧＤＰ三％分だ。これは、フランスの場合には六〇〇億ユーロとなり、高等教育・研究省と法務省と労働・雇用省の予算を全部合わせた額に匹敵する！　となれば、来年か再来年に国債金利が二％になるのか五％になるのか皆目見当がつかないという状況では、政府支出をどう切り詰めるべきか、あるいは増税をすべきか、といった問題について、健全な民主的討論を行うことなど、できはしない。

ヨーロッパ型福祉国家は改革、近代化、合理化を必要とするだけに、なおのことこの状況は好ましくない。福祉国家モデルに改革が必要なのは、単に財政均衡を回復して持続可能性を取り戻すためだけではない。よりよい公的サービスを提供し、さまざまな状況に適応し、権利の保障を強化するためにも改革が求められている。これらの問題について、社会党を始めとする左派は指導力を発揮しなければならない。喫緊の課題は、税制の近代化、年金制度の刷新、大学の自律である。フランスの税制は複雑かつ不当であり、「所得が同じなら課税も同じ」の原則に基づく抜本的な改革、源泉徴収制の採用、課税ベースが大きい一般社会税（ＣＳＧ）の導入が望ましい。(＊6)またフランスの年金制度は、職業別など新旧様々な体系が乱立しており、誰もきちんと理解できない状況だ。これを合意によって公平に修正することはもはや不可能である。(*7) そして大学の自律についても、これら二つの改革同様、右派に任せておくべきではない。

　だが現に金利投機の大波に翻弄されているときに、この種の議論はどう行うべきだろうか。まずはっきり指摘しておきたいのは、国債金利が五〜六％に達したスペインとイタリアの状況に、フランスも数カ月先には陥りかねないということである。フランスがこれほどの金利を、いや四％だとしても、ともかくもそうした水準の金利を払い続ける一方で、イギリスは中央銀行のおかげで二％で済ませているとしたら、フランスでユーロを擁護することは早晩非常にむずかしくなる。そしてそうした状況が一年、二年と長引くとしたら、単一通貨はすっかり不人気になるだろう。

　では、どうすればよいのか。通貨同盟加盟国の一七種類の国債金利に対する投機に終止符を打つには、いわゆる公的債務の相互化、つまりは欧州共同債を導入するしかない。これが、唯一長続きする解決策である。この構造改革によって初めて、ＥＣＢは「最後の貸し手」の役割を十全に果たせるようになるし、市場で共同債の買いオペを行えるようになる。こうした緊急手段を持っていることは、遠からず重要な意味を持つようになるはずだ。だが、金利の異なる一七の国債に対処しなければならないとしたら、ＥＣＢはどれをいくらで買い入れるべきなのか。もしＦＲＢが買いオペをするに当たって、毎朝ワイオミング州債とカリフォルニア州債とニューヨーク州債のどれを買うか選ばなければならないとしたら、公平な金融政策を運営することはできまい。

共同債を導入するためには、強固で正当な裏付けのある政治主体が必要になる。欧州共同債を創設するだけで、あとは各国政府が発行量を決めるというやり方はあり得ない。この政治主体となり得るのは、欧州理事会や財務相会議ではない。ヨーロッパは政治同盟に向けて、言うなればヨーロッパ連邦に向けて、大きな一歩を踏み出すべきである。さもなくば、遅かれ早かれ後じさりしなければならなくなる――すなわちユーロの放棄である。最も簡単な解決は、欧州議会に予算権限を与えることだろう。ただし、欧州議会はＥＵ全加盟国で構成され、通貨同盟加盟国以外の国も参加している点に難がある。もう一つの解決策としては、二〇一一年一一月二二日のコラムにも書いたように、通貨同盟加盟国のうち、債務の相互化を希望する国の議会から、財政関連委員会の議員を送り込んで構成する「欧州財政上院」といったものを設立する方法が考えられる。この「上院」は、共同債の発行に関する最終決定権を持つ（各国が独自の国債を発行する権利は妨げないが、単独で発行した国債にはユーロ圏としての保証はつかない）。この「上院」の重要なポイントは、すべての議会がそうであるように、透明かつ民主的な公開討論を経て単純多数決で決定を下すことである。

ここが、欧州理事会とはまったく異なる点だ。欧州理事会は満場一致（またはほぼ満場一致）と秘密会議を原則としているため、とかく現状維持と無為無策に傾きがちだ。何も決まらないということがしばしば起こり、奇跡的に何かが満場一致で決まったとなればなったで、なぜそのような決定に全員が賛成したのか、わかりかねることがよくある。議場での民主的な討論は、これとは正反対だ。もしいま新しい欧州条約を交渉するとなったら、国同士の論理のぶつかり合いに終始することになる（それも、一〇〇％を八五％に修正する程度のことで）。これでは大きな問題に到底対応し切れない。まして、欧州共同債の創設など言うまでもない。共同債を発行するためには、政治同盟を視野に入れた大胆な構想が必要になる。その大胆な構想に関して、ドイツはフランスの大統領よりはるかに先を行っている（フランスの大統領はいまだに各国首脳による会議にこだわっているが、ドイツキリスト教民主同盟からは、欧州委員会委員長の普通選挙による公選案が出されている）。ヨーロッパの問題について、フランスも具体的な提案を出して議論を主導しなければならない。これが二〇一二年の課題となろう。

トマ・ピケティ

二〇一二年一月

＊1 一九九八〜二〇〇四年の時評集は「アメリカ流左派万歳！」というタイトルで二〇〇四年に発行された（Editions de l'Aube/Libération,）。

＊2 フランスの実質国民所得の伸び率は、一九四九〜七九年には平均して年五・二％だったが、一九七九〜二〇〇九年には一・七％と、三分の一に落ち込んだ。

＊3 T. Piketty, "On the Long-Run Evolution of Inheritance : France 1820- 2050", Ecole d'économie de Paris, 2010, et Quarterly Journal of Economics, 2011を参照されたい（全文はpiketty.pse.ens.frで入手可能）。

＊4 G. Zucman, "The Missing Wealth of Nations: Are Europe and the U.S. net Debtors or net Creditors?", Ecole d'économie de Paris, 2011を参照されたい（全文はwww.parisshoolofeconomics.eu/zucman-gabriel/ で入手可能)。

＊5　「ワールド・トップ・インカム・データベース」を参照されたい（www.parisschoolof economics.eu/topincomes/)。

＊6　たとえば、C. Landais, T. Piketty, E. Saez, *Pour une révolution fiscale*, Editions du Seuil, 2011を参照されたい（www.revolution-fiscale.fr. にて入手可能)。

＊7　たとえば、A. Bozio, T. Piketty, *Pour un nouveau système de retraite*, Editions rue d'Ulm, 2008を参照されたい（piketty.pse.ens.fr. にて入手可能)。

第1部
（二〇〇五〜二〇〇六年）

ミルトン・フリードマンに捧ぐ

1

子供の値段

二〇〇五年三月七日

エルヴェ・ゲマール前経済相の法外なアパルトマン騒動（六〇〇平米のメゾネットの改装費と家賃一万四〇〇〇ユーロを国庫に負担させていた）(*1)には、少なくともメリットが一つあった。フランスの家族政策を巡る古くからの疑問を具体的に示したことである。それは、親の収入の多寡にかかわらず、どの子供にも完全に平等な公的サービスを提供するという意味において、すべての子供は同等なのか、という疑問である。言い換えれば国には、たくさんの子供を持つ選択をした高収入の夫婦の生活水準を、同じように高収入だが子供のいない夫婦と同水準に維持する義務はあるのだろうか。もしあるとして、子供一人ひとりに国が提供する公的サービスは親の収入と連動させるべきなのか。垂直的連帯（基本的には低所得層に手厚くする）と水平的連帯（所得とは無関係に子供に伴う経済的負担を支援する）を巡る論争は、一世紀も前から続けられてきた。

ゲマール前経済相は、まちがいなく水平的連帯論者である。彼は、サンミッシェル通りにある二四〇平米の自宅は「八人の子供たちとともに通常の家庭生活を送るには手狭である」とし(要するに経財相としての新しい地位と収入にはふさわしくないと言いたかったらしい)、「自分は裕福ではない」から、体面を保つ費用は納税者が負担して当然だと判断したようだ。そこで納税者は、大臣の子供一人につき月額二〇〇〇ユーロ近くを負担することになった。

この数字を、フランスの家族政策と比べてみよう。水平的連帯の象徴は、家族手当である。現在フランスでは、子供一人の世帯には、家族手当は支給されない。子供が二人いる世帯には月額約一一五ユーロ、三人なら二六〇ユーロ、四人目以降は子供一人につき一四五ユーロとなっている。子供が八人のゲマール家の場合には月額九八五ユーロ、年間約一万二〇〇〇ユーロとなる。この金額は、低家賃住宅に大勢の子供と住んでいる貧しいグロゼイユ家(*2)と完全に同じだ。もっともこの手当は、グロゼイユ家にとってはじつにありがたいが、ゲマール家にとってはものの数にも入るまい(なにしろ前経財相の年収は二〇万ユーロ、高級官僚の妻も同額の年収がある。しかもこれには、資産所得は含まない）。

垂直的連帯としては、フランス独特の「家族係数制度」[*3]というものがある。富裕層の不利益（という幻想）を打ち消し、出生率の低下を食い止める狙いから、一九四五年に導入された。ルールは簡単で、各世帯の係数を構成員に応じて計算する。たとえば夫婦二人で子供がいなければ係数は二、子供一人なら二・五、子供二人なら三、子供三人なら四で、子供が三人以上なら一ずつ足していく。ちなみに一九五三年までは、夫婦二人の世帯で結婚後三年以内に子供が生まれない場合、二から一・五に引き下げられていた（税務当局が出産奨励のために思いつくアイデアは、こんなものである！）。次に世帯の所得をこの係数で割り、所得税を計算してから、改めて係数を掛けて世帯の納税額を出す。一度係数で割るので、高い税率を免れる可能性が高く、所得の多い世帯ほどその恩恵は大きくなる。

具体的には、八人の子供のいる貧しいグロゼイユ家（＝家族係数は九）の場合、おそらく係数が二の時点から所得税はかからなかったと推定され、したがって当然ながら、係数が九もあれば所得税はゼロである。世帯所得が年間一〇万ユーロで子供が八人の場合には、二万ユーロ税金が減る。これはすでに、かなり大きいと言えるだろう。

世帯所得が年間四〇万ユーロ（としておこう）で子供が八人のゲマール家の場合には、家族係数のおかげで七万ユーロも税金が安くなる。家族手当を加えれば、八万ユーロ以上だ。それでもメゾネットの家賃（年間で一六万八〇〇〇ユーロ）には届かないが、しかし半分近くにはなる。したがって大臣の家賃は、家族係数の大盤振る舞いと言えないこともない。

この優遇税制は気前がよすぎると判断した社会党（PS）は、一九八一年に税負担の減額に上限を導入した。現在では、一係数当たりの減額は四二〇〇ユーロを超えてはならないとされ、ゲマール家の場合には、七万ユーロではなく三万ユーロの軽減にとどまる。この騒動に辟易したラファラン首相は、急遽「官舎規定」なるものを発表し、閣僚に政府が保障する住宅の面積は、夫婦二人で八〇平米、子供一人につき二〇平米（したがって子供八人なら二四〇平米）とした。二〇〇二年の不透明な閣僚報酬の倍増と言い、大慌てで策定された「大臣専用」のこの規定と言い、どうも政府は、自分たちには通常法規はおよばないと考えているらしい。

＊1：週刊紙ル・カナール・アンシェネがスクープして騒ぎになった。これに対してゲマールは言を左右していたが、自宅を高額家賃で貸していることや別荘を所有していることなどが次々にすっぱ

抜かれたため、二月末に更迭された。なおゲマールは二〇〇四年一一月に経財相に就任したばかりだった。

＊2：一九八八年のフランス映画『人生は長く静かな河』（エティエンヌ・シャティリエ監督）に登場する、貧しく子沢山の家庭。

＊3：フランスの所得税は、個人単位ではなく世帯単位で課税され、計算には、家族係数方式を用いる。これは、世帯の構成員に割り当てられた数字（大人は一、子供は二人目までは各〇・五、三人目以降は各一）に基づいて家族係数を求め、世帯所得をこの係数で割って課税所得を求めた上で、それに再び係数を乗じて世帯の納税額を決める方式である。この方式では家族係数が大きいほど、また世帯所得が多いほど、税負担が緩和される。なお二〇一二年にオランド政権がこの方式を一部改正した。

（本文の注は、二一六ページと四一〇ページを除き、訳者による）

2 貧困撲滅のための国際課税

二〇〇五年四月四日

国連の「ミレニアム開発目標」では、八つある目標の第一に、二〇一五年までに世界の貧困を半減させることを掲げている。(*1) そのためには、政府開発援助（ＯＤＡ）を現在の年五〇〇億ドルから一〇〇〇億ドルに倍増することが必要と見込まれる。この数字は、世界の国内総生産（ＧＤＰ）合計（約四〇兆ドル）の〇・三％にすぎない。しかし国民の要求に応えるだけで精一杯で、つねに増税反対の声が渦巻いている富裕国の現状を考えると、とてもそれだけの資金が出せるとは思えない。

そこで、国際課税を活用して恒常的な財源を確保すべきだという議論が出てきた。金融取引税、多国籍企業の利益課税、武器売上税、航空税……といった具合で、政府機関も積極的にアイデアを募っている。先週フランス開発庁が関係者を招いて開催した会議は、その一例だ。租税による解決には、貧困国に安定的な資金源を確保できるというメリットもある（ＯＤＡは変動が大きい）。「ミレニアム開発目標」に掲げられたものの多くは、疾病の蔓延防止や環境の持続可能性の維持など、「よりよい世界」に資するものであるから、世界が税を払うことは理に適っている。では、世界の未来のために国際課税を導入すべきだろうか——おそらく答はイエスだ。ただし、適切な課税対象を設定することが条件になる。

まず、そのような税収と富裕国からの拠出とで年一〇〇〇億ドルは捻出できなければならない。さらに、資金的援助さえすれば、貧困国で社会保障政策が実施されるようになると期待すべきではない。今日先進国と呼ばれるすべての国が、もちろんアメリカも含めて、近代化と成長を遂げる過程で、徐々に統治の体制を整えてきた。そして政府は、経済成長に必須の公的支出、たとえば教育、医療、インフラ整備などの財源として、ＧＤＰの少なくとも三〇〜四〇％を民主的かつ効率的に運用する能力を身につけたのである。開発途上国の多く、とくにアフリカや南アジアの国々では、公的部門が絶望的に予算不足で、しかも非効率だ。したがって最優先すべきは、彼らが独自の福祉国家モデルを構築できるよう、支援することであろう。

開発庁長官のジャン＝ミッシェル・セベリノが最近指摘したように、貧困国が必要とする数千万人の教師や医者や看護士について、国際機関が事実上の雇用主になることは、可能でもなければ望ましくもない。このようなやり方では、これらの国々の脆弱な建国プロセスをいっそう頼りないものにしてしまうだけだ。何よりもまず、国情に適し、かつ発展的な税制の設計を支援するべきである。多くの貧困国では、税収がGDPの一〇～一五％にとどまっている。二世紀前のヨーロッパがまさにそうだったが、これでは兵士と警察官の給料を払うだけで消えてしまう。国際機関の多くは、ここ一五年ほど、税制の設計にあまり関心がないようだ。だが税制の改良に取り組んだ国は、欧米の援助など仰がなくともうまくやれるようになる（その好例が中国だ。同国では今後五年以内に所得税の税収だけで、GDPの五％を占めるようになるだろう。これはフランスを上回る数字である）。

そうは言っても、いま国際課税の土台を作っておくことは有用と考えられる。ただし、富裕国の開発の歴史から学び、まちがった道を選ばないよう注意しなければならない。各国の税制がたどってきた長い道のりを振り返ると、ある一つの傾向が浮かび上がる。まず、単純な課税ベース（関税など貿易に対する間接税）から始めるということだ。より複雑で干渉的な税（所得税、法人税など）を導入し、効率的に徴収するためには、国家が行政能力と政治的正統性を確立する必要があり、これは一朝一夕にはいかないものである。

企業の利益に対する共通新税を導入しさえすれば国際課税の新たな歴史が始まる、などという幻想を抱いてはいけない。まずは足下のヨーロッパで法人税の擦り合わせを行わなければならないが、これでさえ実現は容易ではない。金融取引税、いわゆるトービン税(*2)にも同じ問題がつきまとう(金融取引税の導入を推進する市民団体ATTACによると、〇・〇一%の税率で一〇〇億ドルの税収が見込めるという)。このような税の課税ベースは操作の余地が大きいうえ、超短期の取引は除外するとなったら、たちどころに雲散霧消しかねない(ちなみにジャン=ピエール・ランドーによれば、有価証券取引に課税するだけでも一〇〇億ドルになると言うのだが)。これらの点をクリアできないと、この有名なトービン税は日の目を見ずに終わってしまうだろう(*3)。

あまりスマートではないが、より現実的な解決は、おそらく国際貿易への課税である。世界の貿易総額は年一〇兆ドルを上回っており、〇・一%の課税で同じく一〇〇億ドルの税収を見込める。しかもこの税なら、すべての国が賛同しなくてもすぐに適用を開始できるというメリットがある。

＊1：正確には、二〇一五年までに一日一ドル未満で生活する人口の割合を一九九〇年の水準の半数に減少させる。

＊2：トービン税は、ノーベル経済学賞受賞のジェームズ・トービンが提唱した。投機目的の短期的取引の抑制のため、国際通貨取引に低率課税する。世界各国で同時導入されないと効果が出ない。

＊3：二〇一三年二月、欧州委員会は、EU加盟国のうちドイツ、フランス、イタリアなど一一カ国による金融取引税の導入に向けた指令案を発表した。それによると、一一カ国の金融機関による取引について、株式や債券では〇・一％以上、金融派生商品では〇・〇一％以上の税率で課税することとなっている。二〇一六年一月の実施をめざす。ただしこの税の目的は、金融部門にグローバル金融危機の費用負担をさせることと、投機的な金融取引を抑制することにある。

3

ボルケシュタインはフランケンシュタインに非ず

二〇〇五年五月二日

欧州憲法条約の批准の可否を問う国民投票が近づいてきたが、批准賛成派がいくらか持ち直したようである。(*1)それにしても、この国民投票にサービス指令（通称ボルケシュタイン指令(*2)）の話を蒸し返すのは筋が通らず、大きな誤解を招いている。サービス指令は憲法とは何の関係もない。それに、少なくともこの指令には、欧州市場における自由化政策の意義とむずかしさを浮き彫りにしたという価値があった。

欧州委員会の委員であるオランダのフリッツ・ボルケシュタインが起草した原案では、いわゆる「母国法主義」が採用されていた。サービス事業者が域内他国でサービスを提供する際に、母国の法規で許可されていれば、相手国の法規に基づく許可を得なくてよいとする規定である。これが轟々たる反対を呼んだわけだが、実際には、欧州連合（ＥＵ）域内で実施されるサービスの大半は、この規定に抵触しないことをまず指摘しておかねばならない。サービスが異国の地で現地労働者によって提供される場合、たとえばフランス企業がポーランド（あるいはインド）で現地労働者を採用してコンピュータの保守サービスを行うとか、コールセンターを運営するといった場合には、当然ながらポーランド（あるいはインド）の法規が適用される。逆に、サービスが異国からやって来た移民労働者によって提供される場合、たとえばパリに定住しているポーランドの配管工がパリの水道管の修繕をする場合には、当然ながらフランスの法律が適用される。どちらを適用するか曖昧な場合に限り、サービス事業者の母国法が適用されるのであって、しかもそれは端的に言って、外国に本社のある企業がサービス提供の枠組みで社員を他国に派遣する場合しかない。具体的には、ラトビアの企業が国際入札に応札することを決め、社員を事前調査のためにスウェーデンの現場に派遣する、といった場合である。この場合、ボルケシュタイン指令では、この社員の契約条件はスウェーデンの法規ではなくラトビアの法規に従う。

現地の法律に縛られないのはおかしいと思われるかもしれないが、外国での仕事がきわめて短期間で、かつ期間が明確である場合（一九九六年の派遣指令では八日間）

であれば、十分に正当と言えよう。そのたびに労働契約を書き直すのは不合理である。それに何より、手続きや規則の束でもって参入障壁を築き、既得権益の保護にしがみつき、したがって腐敗している部門（タクシー、小売り、公共事業等々）が多数存在するのだ。何かと怨嗟の的になっているポーランドの企業家が指摘するとおり、「西欧の企業がポーランドで弁護士事務所を開くほうが、われわれがドイツのトイレを修繕するよりはるかにたやすい」のである。

ところがボルケシュタインは、東欧諸国の労働者と企業が直面する差別問題を解決するとして、度を越して過激な規定を盛り込んだ（東欧には人手不足に陥っている部門が国内に多数あるのだから、このような姿勢はなおのこと不当である）。派遣任務の期間を制限せず、しかもサービス実施国の法規はすべて適用されないというのである。これではサービス指令は、社会保障と税のダンピングをとめどなく容認することになる。企業にしてみれば、たとえば社会保障規定がゆるく社会保険料がいちばん安い国に本社を構えるだけでよい。社会保障規定の厳しい国でいくらサービスを提供しても、保険料もとられないし、違反も問われない、というわけだ。

この不適切な母国法規定の反対にかこつけて、批准反対派はＥＵをスケープゴートにしている。問題を欧州憲法条約の批准と結びつけて、ヨーロッパ型福祉国家構想の土台となっている社会・租税モデルそのものに疑義を唱えているわけだ。このような的外れの攻撃に対しては、左派は社会民主主義を掲げて団結し、不当な規定は削除する一方で、大事な部分は守り通さなければならない。中でも、社会保障や税のダンピングは食い止めるべきである。ドイツ社会民主党（SPD）はこの方向で提案をしているが、フランスの社会党、とくに批准に反対する連中は、残念ながらそうではない。デマゴーグと日和見に終始している。

ここで思い出すのは、二〇〇一年に提出されたシャルザ報告のことだ。当時パリ市議会議員で第二〇区の区長だったミッシェル・シャルザは、報告書の中で、フランスに定住する外国人経営者にフランスの税金を免除することを提言した。そして彼の後ろ盾だった社会党のローラン・ファビウス（当時はシラク＝ジョスパン政権の経済相）は、なんとこれを実行に移そうとしたのである。

ともかく、これだけは言っておきたい。批准反対派は、ヨーロッパの大国、とくにフランスが影響力を発揮するチャンスをつぶしている。たしかに今回の条約は、従来の基本条約に比べて控えめな進歩しかみられない（中でも、「加盟国の五五％以上かつ賛成に票を投じた国の人口の合計がEU域内人口の六五％以上」という多数決の規定は問題が多い）。これが「憲法」の名を冠して国民投票の対象になるのは遺憾であり、有権者が反対運動を繰り広げるのも無理はない。だが、批准手続きが始まったいまとなっては、賛成する以外に正しい方向へ進むことはできないのである。

＊1：欧州憲法条約の正式名称は、「欧州のための憲法を制定する条約」。この条約は二〇〇四年一〇月に加盟二五カ国の代表により署名され、各国の批准手続きを経て発効する段取りとなっていた。批准手続きは各国の法規定に従い、議会承認または国民投票による。フランスは国民投票を選択し、投票日は二〇〇五年五月二九日に定められ、このコラムの執筆時点では、賛成派・反対派が大々的な運動を繰り広げている。投票結果などについては次のコラムを参照されたい。

＊2：正式名称は「域内市場におけるサービスに関する指令」。欧州をグローバルな競争力のある活発な地域にするため、サービス提供の自由を妨げている法的・行政的障壁を除去する狙いがある。欧州市場では生産活動の約七〇％がサービス関連業種で占められており、その活動が規制によって阻害されているという問題意識が背景にあった。しかし母国法主義に対して、二〇〇四年の原案提出時から激しい抗議運動が起こり、結局この条項は削除されたうえで、二〇〇六年一一月に欧州議会で可決成立した。また指令が適用される分野も、当初は全サービスだったのが、経営コンサルタント、不動産業、建設設計、旅行業、観光・レジャー産業などに限定された。

4 EU拡大にノン

二〇〇五年五月三〇日

何が争点となったにせよ、欧州憲法条約の批准に関する今回の国民投票の結果は、欧州統合推進派にとっては苦いものとなった(*)。フランスの労働者が条約批准にノンを突きつけた理由ははっきりしている。憲法の内容云々ではなく、恐怖である。EUに新規加盟が予定されている東欧諸国の労働者との競争にさらされる、ポーランドの配管工に打ち負かされる、ルーマニア人労働者が大挙して押し寄せてくる、といった恐怖だ。そうなれば、フランスの賃金水準や雇用条件はあっという間に低下してしまうだろう……

二〇年来の労働市場の低迷と賃金水準の停滞に苦しめられている労働者が、政府に対して怒りを募らせるのは当然である。欧州憲法に批准しEU拡大を容認したら、この問題が一段と悪化しないという保証は何もないのだ。それにしても、労働者の現在の苦境が新規加盟国のせいであるかのように匂わせた一部の指導層は、歴史に対して重い責任を負ったことを自覚せねばならない。多くの市町村では、まるでかつての共産党による移民排斥運動のように、長年住み着いているポーランド人労働者の排斥が叫ばれた。そして拡大反対派は、左であれ右であれ、新たな国が加われば「安い者勝ち」になり、労働条件は全体的に悪化すると、声高に執拗に主張した。

だが経済の現実をよく見れば、このような恐怖には何の根拠もないことがわかる。そもそもここ数年、新規加盟国では実質賃金が年五～六％という驚異的なペースで上昇している（しかしフランスとドイツの賃金がその分下がったわけではない。フランスとドイツにしても、賃金はごくささやかながら上昇している）。賃金が上昇するのは生産が増えているからであり、それは購買力の増強につながり、フランスやドイツからの輸入を増やすことになる。

スペインとポルトガルが一九八六年にＥＵに加盟したとき、まさにこれが起きた。どちらの国もゆたかになり、ヨーロッパの平均に近づいた。だからと言ってフランスが犠牲になったわけではない。むしろ逆である。だが当時も、これらの国の加盟に反対する手合いは存在し、フランスの労働者とスペインやポルトガルの労働者との間で仕事の奪い合いが起き、賃金に下押し圧力がかかると主張した（賃金格差は同じようなものだが、たしかにポーランドよりポルトガルのほうがフランスに近い）。毎度のことながら、このような主張で煽るのは、極左、共産党、国粋主義者、極右である。

だが今日、フランスの労働者がスペインやポルトガルの労働者との競争で困窮したとか、両国を加盟させなければフランスの失業率はもっと低かっただろう、などと誰が主張できるだろうか。ここ三〇年の全国の失業率の推移（一九七〇年代は五％、一九八六〜八七年に一〇％、一九八九〜九〇年に八〜九％、一九九四〜九六年に一二％、二〇〇〇〜〇一年に八〜九％、そして現在は一〇％）を見ても、地域別の失業率を見ても、スペインとポルトガルの加盟とは何の関係もないことはあきらかだ。

ポーランドとルーマニアが加盟すればフランスの労働者はもっと悲惨なことになるという主張を裏づけるために、今日ではあれこれあやしげな根拠が持ち出されているが、真実はこうだ。フランスの失業率が高止まりしているのは、さまざまな原因が重なった結果であって、仮に欧州統合が二〇年前に打ち切られたとしても、さして事態は変わらなかっただろう、ということである。

では、ＥＵはたいへんうまくやっており、提案された憲法の内容は完璧なのか――

言うまでもなく、答はノーだ。今日では、単一欧州議定書が調印された一九八六年当時と比べて、資本移動がはるかに活発になっている（労働者の移動はそうではない）。そして、ヨーロッパは税のダンピングとの戦いで重要な役割を果たすことが望まれている。今回の憲法条約は、これまでの条約に比べればこうした現状への対応を盛り込んだものにはなっているものの、あきらかに不十分である。さらに踏み込んで、税引き合戦がヨーロッパ全体の利益を損なうだけでなく、経済成長を阻害し市場経済の健全な運営を妨げることを、加盟国に説得し、理解を得なければならない。このところのフランスは、傲慢と外国人嫌いと自由主義反対をあらわにしているが、これでは他国を説得し、正しい方向へ進めるはずもあるまい。

自国の不備を棚に上げてヨーロッパこそ諸悪の根源だなどと主張するのは、古い手である。たとえば政府は一九八三年に、賃金凍結はEUの指示に基づくと説明したが、実際にはそうせざるを得ない状況だった。なにしろ下位層の賃金の上昇ペースが、一九六八〜八三年のGDP伸び率の三倍に達していたのである。市場が開放されていようがいまいが、これはどう見ても持続不能だった。今回の国民投票に当たり、EUをスケープゴートにする強引な主張は最高潮に達した。今日、フランスはその代償を支払ったわけである。

＊：前のコラムにあるとおり、憲法条約は各国の批准手続きを経て発効する見通しだったものの、国民投票を行ったフランス（二〇〇五年五月二九日）とオランダ（同六月一日）で相次いで批准が否決された（この原稿は投票翌日に書かれている）。フランスの投票率は六九・三七％、賛成四五・三三％、反対五四・六七％。これを受けてイギリスが批准手続きの凍結を発表するなど、批准の見通しが立たなくなった。結局翌二〇〇七年に欧州理事会は欧州憲法条約を断念し、既存の基本条約（ローマ条約およびマーストリヒト条約）を修正することで合意。この修正新条約は、改革条約という位置付けで二〇〇七年一二月にリスボンにおいて署名され、各国の批准手続きを経て二〇〇九年一二月に発効の運びとなった（通称リスボン条約）。

5

ブレアの罠に落ち込むな

二〇〇五年六月二七日

欧州憲法条約を巡る国民投票でフランスが批准を否決したことを受け、案の定トニー・ブレアは、この機を逃さずEUにおける主導権を握ろうとしている。イギリスは、マーガレット・サッチャーが一九八三年にEU予算への拠出額削減を主張して認められているが(*)、この措置を白紙に戻してもよいというのだ。ただし、EU予算の抜本的見直しを行い、とくに共通農業政策(CAP)を再検討することが条件だという。ブレアに言わせれば、CAPは予算の四〇%を喰っており、教育、研究、インフラ整備など未来への投資を妨げている。彼の策略は見え透いているが(CAPは二〇〇七年まで変更しないことが二〇〇二年に決定済みだ)、かといって無視できない提案ではある。

ブレアはあくまで強気の姿勢で臨み、フランスを時代遅れの悪者に仕立てようと画策している。農業政策にスポットライトを当てることによって、ブレアはフランスの社会モデル（と彼が考えるもの）を懐古趣味のなかよし組合主義と決めつけ、大多数の農家は、一九五〇年代に勝ち得た既得権を守るためなら熊手を振りかざすことも厭わない一握りの強硬派に牛耳られていると主張する。だが、多くの高級食材で世界最高の輸出国になることは、けっして恥ではない。それに、予算の四〇％という数字が一人歩きしているが、これはむしろＥＵ予算の絶対額が少なすぎることを浮き彫りにするものだ。

そうは言っても、現に予算の四〇％が人口のわずか二％を利するために投じられているのでは、ヨーロッパ市民に納得してもらうことはむずかしい。加えて、共通農業政策が南欧諸国に好ましくない影響を与えているというブレアの指摘は正しい。この政策のせいで、これらの国は農産品の生産と輸出に依存せざるを得なくなっている。さらにイギリスは、開発助成金の改革でも先頭に立っており、たとえば新型ワクチンの生産に補助金を出すといったすばらしい制度を支援している。となれば、善玉悪玉の構図は完璧だ。

フランスは硬直化した国であって、経済・社会の発展は市場原理に依るべきであることをわかっておらず、自国民の利益だけのために時代遅れの政策に固執している。対照的にイギリスは、グローバリゼーションを積極活用する先進的な政策を推進している、というわけだ。ブレアは市場の力からの保護措置には一切言及せず、グローバル経済に通じるダイナミックな雇用創出に向けて、あらゆる手段を講じると豪語した。

だが、リスボン・サミットで高らかに表明された「世界で最も生産的な知識経済」をめざすうえで、フランスはイギリスよりはるかによく準備が整っている。よって、ブレアの罠に落ちてはならない。何度でも強調したいが、労働時間一単位当たりの生産高は、現時点でフランスとドイツがイギリスを二五％も上回っているのである。国民一人当たりのＧＤＰがほぼ同水準なのは、ひとえにイギリス人がわれわれより二五％長く働いているからにほかならない。たしかに失業者（生産性統計から除外される）はフランスのほうが多いにしても、それだけでは生産性格差の一部しか説明できない。

サッチャーの首相就任と傾きかけた国を救ったとされる数々の改革から四半世紀が過ぎた現在、イギリスは生産性の低い国に成り下がっており（生産性格差はいっこうに縮まる気配がない）、他の先進国と肩を並べるために貧しい国のとる方策、すなわち税のダンピングと長時間労働に頼らざるを得なくなっている。イギリスの労働人口の生産性が低いのは、教育制度に投じる予算が少ないことと、貴族政治時代を引きずる顕著な階層化に大きな原因がある。アメリカが二世紀前から指摘していたとおり、イギリス衰退の元凶はまさにここにあるのだ。

高等教育の近代化に関してはイギリスのほうが進んでいるという主張は正しいとしても、小中学校教育に関してはフランスに一日の長があり、その質の高さは世界的に羨望の的である。実際、ブレア自身が最近の選挙で、イギリスにも「フランス流の」全国統一バカロレア（大学入学資格）を導入することを提案している。

また、イギリスは一九九七年から労働環境の改善努力を続けているにもかかわらず、労働者の健康リスク対策は、フランスに比べて不十分だ。フランスの社会モデルが拠りどころとするのは共通農業政策などではなく、質の高い学校教育制度と医療保険制度である。そしてこのモデルこそ、ヨーロッパ全体に広める価値があると信じる。

＊：EUの財政は、加盟国からの拠出金、加盟国の税収の一部、共通関税などでまかなわれているが、拠出金に関してイギリスには優遇措置が設けられており、同国の財政負担は六六％軽減されている。つまりイギリスは一ユーロの支払いに対し、六六セントの払戻しを受けている（それでもイ

ギリスの負担額はドイツに次いで多い）。サッチャーは、ＥＵから受け取るよりも多くの資金を拠出することは「貧しい国」にとって不当であるとし、拠出金の返還を求めた。当時ＥＵ予算の七〇％以上は農業分野に当てられており、農民の少ないイギリスが受ける恩恵は小さいことが、払戻しの根拠として挙げられた。ちなみにＣＡＰ支出の恩恵を最も多く受けているのは、ＥＵ随一の農業大国フランスである。

6

ZEPはフランス流アファーマティブ・アクション

二〇〇五年一二月五日

ここ数週間、郊外地区で暴力事件が多発したことから、教育優先地区（ZEP）(*1)を巡る議論が再燃してきた。これはZEPの「総決算」を公表するちょうどいい機会だと言う人もいる。この物言いには、「この問題に関してすでに十分にやった」という自己満足が込められているように感じる。悪いことに内務相も、ZEPに投入したリソースの質が失敗の原因だと言いたがっているらしい。

だが実際にはZEPの抱える問題は、リソースの内容ではなく、リソースが与えられなかったことである。この制度が創設されて二〇年以上になるが、ZEP内の学校にしかるべき予算や人員が投じられたことは一度もなかった。小学校の場合、一学級の児童数は他地域より一名減らされただけである。最新の児童数調査によると、CP

（日本の小学校一年生）(＊2)の児童数は、ＺＥＰ内（全小学生の一三％）が二一・七名、ＺＥＰ外（同八七％）が二二・四名だった。全体の平均は二二・三名である。そして小学校入学時の理解度テストの結果は、ＺＥＰ内と外とでおよそ一〇点もの大きな差が認められた。これはあきらかに、社会階層の格差を表すものと言えよう。つまりこれは、高級官僚や経営者の子供たちと労働者の子供たちとの格差なのである。

これらの数字から、フランスでは地域的な格差が大きいことがうかがわれ、ＺＥＰの指定（その基準は曖昧でいろいろと不備は多いにしても）によって不利な教育環境に置かれた地域を明確にする効果はあったと言える。だが、そもそもこれだけの格差が存在するのに、一学級の児童数をわずか〇・七名減らすだけで、どんな効果が期待できるだろうか。しかもＺＥＰには、新任など経験の浅い教員や臨時採用の教員が派遣されるケースが多い。そのうえＺＥＰ内にあるというだけで「ダメ学校」の烙印を押され、多くの親が越境や転居を画策する。ＺＥＰを指定しても何の優遇措置も講じないなら、当然のことだ。これでＺＥＰが失敗しないほうがおかしい。

こうした状況を踏まえると、さらに追加的な措置が必要だと考えられる。一つは、ＺＥＰ内の高校を優秀な成績で卒業した生徒に、グランゼコール(＊3)などのエリート養成校への優先入学枠を設けることだ。たとえばパリ政治学院（通称シアンス・ポ）では数年前からこれを実施している。またパリの名門校アンリ四世高校には、ＺＥＰ内の高校卒業生を対象とする準備学級が二〇〇六年から設けられている。

こうした措置は、アメリカの大学入試でかなり前から導入されているアファーマティブ・アクション（格差是正措置）に近い。ただし是正の対象になるのは、アメリカの場合には人種や民族だが、フランスの場合は地域である。この種の措置は、アメリカと同じくフランスでも論議を呼ぶだろう。エリート校への進学など夢のまた夢だった恵まれない環境の若者にチャンスを与える一方で、いざ入学すれば「ズル」だと軽蔑されかねないし、逆差別だという声も上がるだろう。それでも、ＺＥＰ出身者がグランゼコールで優秀な成績を収めれば、後輩たちに与える心理的インパクトは計り知れない。そのためにも、こうした措置が単なる打ち上げ花火に終わらず、他のグランゼコールや広く一般の大学に拡がることが望ましい。

ただし、こうした格差是正措置だけでは、高校生になるまでに積もり積もった学業の遅れを解決することはできない。格差の是正は、もっと早く、不平等が形成される小学校低学年から始めることがぜひとも必要である。国民教育省の最新の調査によると、ZEP内の小学校で一年生と二年生の一学級の児童数を一七名に減らしたところ、三年進級時の算数の試験で、ZEP内と外との理解度の格差が四五％近く縮まった例が報告されている。より上の学年での調査は行われていないが、少人数学級の効果は大きいと考えてよいだろう。

ここで重要なのは、こうした政策をとるためには、リソースの大幅再編が必要だということである。単に教員数を増やすといった画一的な施策では、肝心のZEPの子供たちに十分な恩恵をもたらすことはできない。現在トップダウンで行われているリソースの配分方法を見直すことが望ましい。困難な課題ではあるが、こうした政策は単なる優先入学制度にとどまらず、重い不利を背負った地域への支援措置とリソース配分を伴う、フランス流のアファーマティブ・アクションになると期待できる。

＊1：生徒の学業不振、落第・中退率、親の失業率、生活保護受給率、片親家庭の多さなどを基準に「社会的経済的に恵まれない」地域を指定し、この地域内の学校に予算・教育の両面で特別な支援を行う制度。パリの公立学校の三〇％前後がZEPに指定されているという（地方都市は一桁）。実態的には、移民の多い地区がかなりの割合を占める。

＊2：フランスの小学校は五年制で、六歳のCP（準備科＝日本の小学校一年）に始まり、CE1（基

礎一年)、CE2(基礎二年)、CM1(中級一年)、CM2(中級二年)と進む。小学校でも、学習進度によって飛び級や落第がある。ちなみに中学校は四年制である。

＊3：よく知られているとおり、フランスでは高校から先が大学とグランゼコールの二本立てになっている。大衆教育を旨とする大学とは異なり、グランゼコールはエリート養成機関と呼ばれる高度専門職養成機関であり、国を率いる指導者や幹部職を育てる目的でフランス革命後に創設された。入学すると、学生は公務員として給与を支給される。少数精鋭教育で、入学試験を突破するのはきわめてむずかしい。高校卒業後に二年間の準備学級を経て受験するのがふつうである。代表的なものに理工系のエコール・ポリテクニーク、国立高等鉱業学校、教員養成の高等師範学校(エコール・ノルマル)、政治・行政系の国立行政学院(ENA)、パリ政治学院などがあり、大統領や首相などはENA出身者が多い。

7 相続税はどうあるべきか

二〇〇六年二月二七日

世間が何かと騒がしい中、先週ほとんど気づかれないうちに相続制度改革法案が可決された。しかしこの法案は、多くのフランス人にきわめて身近な影響をおよぼす。この法案の狙いは「相続の簡素化」だという。フランスの相続制度は時代遅れで硬直的であるうえ、社会の変化によってこの問題はいよいよ複雑化し、深刻化していた。今回の法案は、孫への直接の財産譲渡を容易にしたこと、家族構成の変化に合わせた贈与税制度にしたこと、財産の不分割の際に相続人全員ではなく三分の二の同意でよいとしたこと、などが眼目である。

かなり前から見直しが求められていた分野にしては、改革はひどく控えめであり、中途半端のそしりは免れない。とくに、ＰＡＣＳ（連帯市民協約）(*1)に関してほとんど進歩がない。未婚や同性のカップルで片方が死んだ場合、その住居に住み続ける権利は一年しか与えられないのである。これは、正規の結婚や異性のカップルの場合に比べて著しく短い。このような差別的な規定（PACS創設当初はこのような規定は存在しなかった）が手つかずでは、同性婚を相続制度から疎外する意図があるのではないか、と疑いたくもなる。

さらに簡素化と自由度の問題も残っており、相続を巡る議論はこの方向で進めるべきである。相続税と言うとすぐに税率が云々されるが、実際には税率自体は大きな問題ではない。フランスの場合、直系親族の相続に関する限り、税率は歴史的に低い。一九八三年からは税率が四〇％を上回ると言うが、この税率が適用されるのは、相続人一人当たりの相続遺産が二〇〇万ユーロを超えた部分だけである。税控除が次々に行われた結果、一〇〇万ユーロの遺産を配偶者と子供二人に残す場合の相続税率は、現在一五％にすぎない。これは、諸外国と比べてもかなり低い水準である。(*2)

たとえばアメリカの場合、相続税の税率は一九四〇〜七〇年には七七％に達しており、一九八〇年以降も五五％である。フランスの相続税がこの水準に達したことは一度もない。ブッシュ大統領は、この税率を徐々に引き下げて二〇一一年までに〇％にすると明言しているが、この法案が彼の任期中に成立する可能性は低いだろう。(*3)アメリカにも相続税廃止に反対の声は多く、とりわけ自力で立身出世した人は子孫に美田を残したがらない。

フランスの真の問題は、相続制度がきわめて硬直的であることだ。アメリカでは自由の原則が貫かれており、自分の財産は自分の思うとおりに残す絶対的な自由が認められている。与える側と受け取る側の関係がどうであっても、課される税率は変わらない。したがって直系親族が相続する場合でも、遺産が巨額であれば高い税率が適用される。

翻ってフランスは、アメリカとは完全に逆である。財産を嫡出子に均等に残そうという心がけのよい人は、すこしの税金で済む。しかし死の数カ月前に知り合ったばかりの魅力的な異性だとか、長年連れ添った同性のパートナーなどに遺産を残そうとする不埒な人には、相続税の鉄槌が下ることになっている。直系以外の家族（兄弟姉妹など）や親以外の人から相続をする場合には、最初の一ユーロから課税対象になり、税率はさまざまな条件に応じて三五〜五五％となる。カトリックの伝統とナポレオン法典でがんじがらめになったフランスの相続制度は、発足以来ずっと悪い制度だったが、社会の変化や高齢化に伴いますます手に負えなくなっている。

要するに、今回の改革をもってしても満足にはほど遠く、相続の自由の方向に進んでいるとは言いがたい。たとえば、ある相続人が自分の法定遺留分（残された家族への最低限の財産保証）を放棄し、障害を持つ弟なり妹なりに譲ろうと考えたとしよう。何の問題もなさそうに見えるが、これは嫡出子の間で均等配分するという神聖不可侵な原則に抵触する。時代遅れの制度は、このように自由を侵害しているのである。

より一般的には、相続の自由について議論することによって、税の見方も変わってくると期待できる。よい税金とは政府支出の財源を提供し、公平かつ累進課税（場合によってはきつい累進性）であって、個人と企業にできるだけ干渉しない税である。税のかけ方にも工夫の余地があるのだ。

＊1：PACSとは、性別に関係なく、成年に達した二人の個人の間で持続的共同生活を営むために交わされる契約のことで、一九九九年に制度化された。さらに二〇一三年五月に、オランド政権により同性婚法が成立している。

＊2：フランスの場合、夫婦の財産は原則として共有財産となる（結婚時にとくに契約を取り交わさなければ、結婚後の財産のみ共有。包括共有制を選択すれば、結婚前からも含めてすべて共有となる。もちろん別財産制も選べる）。よって共有財産に関しては、夫婦間の相続は発生しない。

＊3：アメリカの相続税は二〇一〇年にいったん廃止されたが、二〇一一年に基礎控除五〇〇万ドル、最高税率三五％で復活した。なおアメリカの場合は遺産税であり、相続人ではなく死んだ人が払う。死んだ人になり代わって遺産管理人が裁判所から任命され、遺産税の納付を行い、残りの財産を相続人に分配するしくみである。

8 労働契約を再考する

二〇〇六年三月二七

初回雇用契約（CPE）[*1]は葬り去るべき制度なのだろうか。これについて意見を述べる前に、そもそも労働契約がなぜ法律で厳格に規定されなければならないのか、ということを考えておきたい。まず、労働市場というものは、人間を扱う市場だという特徴がある。そして労働者は、雇い主がとりうる裁量的な決定から保護されねばならない（雇う側もやはり人間であり、経済的理由以外のものに動機付けられる可能性もないとは言えない。たとえば雇い主は、男尊女卑、人種差別主義者、同性愛嫌いかもしれない）。

一方、純粋に経済学的な視点から言うと、労働市場が扱うのは当事者間の継続的な関係であり、この関係において両者はそれぞれに固有の投資を行う。たとえば社員は、職務をよりよく遂行するために、転居したり、仕事に役立つスキルやノウハウを習得したり、自分の習慣や適性を見直したりする。

こうした投資はときにかなりの負担になるし、しかもその仕事に固有のものであることが多い。つまり転職した場合にそれらを再活用することがむずかしい。となれば、社員がこうした投資を行った瞬間に、減給や解雇をちらつかせることのできる経営者は強い立場になる。するとこうした危険性を見越した社員のほうは、能力向上への投資を手控えるようになる。これでは誰にとってもマイナスだ。だからこそ、労働契約を厳密に規定しておくこと、とくに解雇条件を厳格化しておくことが、社員にとっても、経営者にとっても、そして一般的な経済効率にとっても利益になるのである。

二〇〇三年のブランシャール＝ティロール報告は、これらの点を踏まえ、労働契約の抜本的改革を提言した。第一に、能力向上への投資を継続的なものとするために、無期労働契約（CDI）を標準とし、有期労働契約（CDD）は例外とする。(*2) そして有期労働契約は段階的に廃止し、最終的には労働契約はすべて無期労働契約とする。

第二に、従業員を解雇する前に企業に熟慮を促し、かつ解雇に伴う社会保険料を「内部化」させるために、労働契約を破棄した企業は失業保険料を負担するだけでなく、再就職の斡旋と職業訓練の費用も負担する。報告書はこの目的のために、企業の過去の解雇歴に応じて社会保険料の使用者負担率を調整することを提案している。

しかし初回雇用契約（CPE）は、どの点でこれらの目的に適うのだろうか。まったく無関係だと言いたくなる。二年間の試用期間中は企業が何の理由説明もなく雇用契約を破棄できるというのでは、有期労働契約よりも始末に悪い。後者は少なくとも六〜一二カ月はちゃんと給与をもらえるのだ。そのうえCPEは、二年の間にいつ何時解雇されるかわからないので、心理的圧迫感が非常に大きい。（無給の）見習いや弟子のような身分に限るなら、このような契約形態も容認できるかもしれない。だが、そのような制限条項がないままでは、有期労働契約に代えてこちらを導入すると言われても、賛成できるはずもあるまい。

仮に、CPE終了時点で受け取れる補償金や失業保険が有期労働契約（さらには無期労働契約）より多いとしても、契約破棄に伴う再就職斡旋や職業訓練の財源として想定されている税金は、どう考えても少なすぎる。さらに二年という試用期間は長過ぎ、ゆがんだ影響が懸念される。CPE関連法案を強行採決させ、性急に実施しようとするド・ヴィルパン首相は、「ゆたかな社会」という公約を台無しにしかかっていると言わざるを得ない。

社会保障面を万全にしたＣＰＥの改良案であれば、無期労働契約の標準化に向けた第一歩になるだろうか。無期労働契約の標準化は政治家も労組幹部も望んでいるにちがいないが、どうやってそれを具体化するのか、という質問はしてもよかろう。どのような方法をとるにせよ、無期契約の「柔軟」な適用と「解雇する権利」を主張する企業が出現することは避けられない。

そもそも企業が雇用保障の一環として、まるで行政機関のように再就職斡旋や職業訓練の費用まで負担すべきだと言うなら、経営難に陥ったときにどうするのかを予め決めておいて雇用主を守ってもらいたいと要求することも、同じように正当である。

能力向上を計画し、職業訓練を提供することは、それだけで一大事業であり、企業がその任に最も適しているとは言いがたいし、裁判所が企業の懐具合を適切に判断できるとも思えない。ここはやはり政府と公的機関がＣＰＥを巡る議論を主導し、解決をめざすべきである。

＊１：シラク＝ド・ヴィルパン政権が提案した施策で、二五歳以下の若者を対象として企業に二年間の試用期間を認め、この期間中は理由を説明することなく自由に解雇できるというもの。解雇を容易にすることで雇用の促進を狙ったわけだが、不安定な雇用契約の拡大に反対する学生や労組の

大規模な抗議運動を受けて凍結を余儀なくされた。一月の法案発表時点から抗議運動が始まり、三月六日の強行採決を受けて、一八日には全土で学生・労組による抗議デモが行われて警官隊と衝突。二八日には交通機関、病院、郵便局、電話局、オペラ座などもストに参加する騒ぎとなる。抗議運動はいっこうに収まる兆しがなく、四月にはさらに激化し、ついに四月一〇日にシラク大統領が撤回を発表した。続く一三日には、新法案がスピード可決されている。

＊2：フランスの労働契約は、「期間の定めのない契約（CDI）」と「期間の定めのある契約（CDD）」に大別できる。後者は九カ月ごとの契約で、通常更新は二回が限度。二回目以降の更新を行うときは、CDIに切り替えることが義務付けられている。CDIでは解雇規制が非常に厳しく、企業が採用を控える原因になっていると指摘されてきた。二〇〇八年末時点の継続労働調査によると、雇用契約の約八〇％が無期雇用契約となっている。

9

再び相続税を考える

二〇〇六年八月二八日

相続税は、フランスでは一世紀に一度か二度しか改定されない古色蒼然たる税であるが、これが二〇〇七年の大統領選挙で重要なテーマの一つになりそうだ。二〇年以上前から、資産家の全般的な高齢化を見越して、贈与税に関する議論が活発に行われてきた。つまり、死んでからではなく生きているうちの財産譲渡を促進しようというのである。贈与される子供たち自身が退職年齢にさしかかる前に手を打とうというわけで、右派も左派もこぞって、さまざまな形の贈与税軽減策を打ち出した。

ところがいまや議論はちがう方向へ、それもかなり過激な方向へ進んでいる。ニコラ・サルコジは経済相だった二〇〇四年に相続税の大幅減税を断行したが、今度は相続税の完全撤廃を主張し始めた。しかし最新の情報によると、サルコジ案は国民運動連合（UMP）の党大会では支持されたものの、二週間前にド・ヴィルパン首相に却下されたという。

サルコジの主張する過激な案は、従来の流れに逆行するものであり、眉をひそめる向きも少なくない。たとえば同党に所属する元経済相のアラン・ランベールは、相続税という伝家の宝刀がなくなったら、国家には富の移転を促す手段がもはやなくなってしまうと指摘し、「フランスの富の大半を保有するのが九〇代の人々だという日がもうすぐ来ると考えると、ちょっとしたパニックになりそうだ」と付け加えている。

首相も含めて多数派の重鎮は、左派から攻撃されたら持ちこたえられまい、というもっと現実的な心配をしている。相続税はフランス革命のときに創設され、第三共和政の一九〇一年に累進制になって以来、階級格差の拡大を食い止めるうえで重要な役割を果たしてきた。これを廃止したら、機会の平等を守っているとは言えなくなってしまう。アメリカではブッシュ政権が、イタリアではベルルスコーニ政権が相続税の廃止を試みてきたが、いずれも強硬な反対に遭っている。反対派の中には、ウォーレン・バフェットやビル・ゲイツのような億万長者もいるのだ。彼らのように自力で財を成した独立独行の人物は、自分の子供を不労所得生活者《ランティエ》にすることをけっして望んでいない。

相続税の問題点は、今年二月のコラムでも指摘したとおり、税率ではない。フランスの歴史を通じて相続税の税収は少なく、二〇〇六年に七〇億ユーロをようやく上回った程度で、GDP比〇・四％にすぎない。もっとも、不動産価格および株価の継続的な上昇と、二つの大戦で被った損害から徐々に立ち直っている結果として、税収は自動的に増えている。こうしたわけで相続税の税収は、一九五〇年にはGDP比〇・二％だったのが、一九九〇〜二〇〇〇年には〇・三〜〇・四％になった。

それでも、一九〇〇年の水準からすればまだまだ少ない。一九〇〇年代は不動産と金融資産がともに急上昇した時期で、当時の相続税の税収は、累進制になる前だったにもかかわらず、GDPの一％に達していた。フランスの家計部門の資産総額は、一九九〇〜二〇〇〇年に第一次世界大戦以前の水準を回復し、二〇〇六年にはGDP四、五年分に達している。これは、ちょうど一世紀前とほぼ同じ状況である。別の言い方をするなら、二〇〇六年にフランスの世帯は、平均的に四、五年分の年間所得に相当する資産（年間所得四万ユーロなら、資産総額は一六万〜二〇万ユーロ。もちろん、年齢や相続財産によって異なる）を保有しており、これはちょうどベルエポック（一九世紀末から第一次世界大戦まで）の頃の世帯と同じだということである。

にもかかわらず、相続税の税収が一九〇〇年の水準を回復できていないのはなぜか。理由はいくつかある。過去数十年にわたりさまざまな税控除や優遇税制が導入されたこと、人口が継続的に高齢化し資産承継までの平均年数が延びたこと、などだ。

その結果として、今日の資産家はきわめて安泰であり、すでに軽減されている相続税をさらに大幅に減じるべき経済的に健全な理由は何一つ存在しない。相続税の税率は半分から三分の一まで下がっているのである。その一方で、現行のすべての税を合計すると一世紀前の三倍にもなり、GDP比一五%だった税収および社会保険料収入は四五%にも達している（労働所得にかかる分だけでGDP比二〇%に達する。予算に余裕があるなら、こちらの軽減のほうがよほど急務であろう）。

相続税は、真剣に討論すべきテーマである。平均寿命が延びていること、フランスの相続制度がきわめて硬直的であること（以前のコラムでも指摘したように、直系親族の相続では相続税は軽いが、それ以外では非常に重く、富の循環が妨げられている）を考えれば、なおのことだ。二一世紀はハイパー資本主義の世紀になり、一九世紀の資本への課税すら認められないといったことを本気で説く人がいるが、相続税の大幅減税は、そうした発想を現実のものにしかねない。

10 学校教育と競争原理

二〇〇六年九月二五日

フランスは、学校教育と競争について真剣に議論すべきである。国民運動連合（UMP）のニコラ・サルコジの立場は明確だ。学区制(*1)を廃止し、その代わりに……何もしない、以上終わり。学校間に競争原理を導入しさえすれば、すべての学校の質は上がる。どの学校もそれぞれに教育計画を立て、学校教育市場において固有の位置付けをめざせばよろしい、云々。

この議論は完全に正しい。競争原理が何のメリットももたらさない分野はあり得ないからだ。ある種の分野、たとえば教育、医療、文化などは競争になじまないという人もいるが、それはまちがっている。出版社や画廊の競争を禁じ、そうした分野をすべて国営にしたら、文学や芸術の創作はいったいどうなるのか。学校教育の分野でも競争は好ましいし、競争を促す方向で親から学校にかけられる圧力も、この意味では有益である。

それでも、競争原理の長所と短所を分析しておく価値はある。話を簡単にするために、競争効果の重要な判断基準として、モノやサービスの多様化を挙げることにしたい。顧客や利用者の好みやニーズに応じて、限りなく多様なモノやサービスを供給することが可能であり、必要でもあるならば、その望ましい結果を得るための唯一の方法は、供給者の間で自由かつ責任ある競争が行われることである。このことを端的に表すのが、芸術や文学だ。この分野が国営だとしたら、いったい誰が、どの作品を展示、上演あるいは出版すべきかを適切に決められるだろうか。

しかし逆に、供給するモノやサービスがある程度まで均質な場合には、競争のメリットは小さくなる。小学校教育を例にとろう。すべての小学生が必ず学ぶべき知識というものは自ずとあり、そのカリキュラムを国が決めたときから、多様化の余地は限られる。中学校の場合には第二外国語の選択などが絡んでくるので、まだ余地は大きいが、それでも制限されることに変わりはない。

付言すれば、親の大多数が支持するような学校改革は、必ずしも望ましいとは言えない。たとえばアメリカの教育委員会では、奇妙な改革を親が強く推すことが少なくないようである。アメリカで実施された教育バウチャー制度(*2)による全面的な競争原理の導入が、期待したほどの成果を上げられなかったのも、このことで説明がつく。たとえばフロリダ州では、ジェブ・ブッシュ知事の肝いりで教育バウチャー制度が導入されたが、教育の質的向上の点からも、生徒の学業成績の点からも、結果は思わしくなかった。

その一方で、競争原理の導入に伴うデメリットははっきりしており、しかもただちに影響が現れる。中でも、スラム街など荒廃した地区にある学校は、競争によって壊滅的な打撃を受ける。小学校に競争原理を導入して得られるささやかなメリットが、不利な状況に置かれた学校が被る重大なデメリットを埋め合わせられるなどと考えるのは、責任ある態度とは言いがたい。

むしろ複数の良心的な研究によれば(教育にまつわる経済学はまだ確立されていない分野であり、これらの研究に反論の余地はあるにしても)、不利な学校に焦点を合わせた政策のほうが着実に成果を上げられるという。たとえば二〇〇五年一二月のコラムで紹介したように、教育優先地区(ZEP)の小学校低学年で一学級の児童数を現行の二二名(ZEP外は二三名)から一七名にしたところ、三年生進級時の算数の試験で、ZEP内と外との理解度の格差が四五%近く縮まった例が報告されている。

さらに問題なのは、教育と競争原理を巡る議論が小学校と中学校の学区制に集中していることだ。だがフランスの小中学校教育は、けっして深刻に悪いと言える状況にはない。それよりも教育に関して優先すべき問題は、高等教育機関の改革である。理由は、先ほど述べたことと関連する。すなわち小中学校とは異なり、高等教育はきわめて多様であり、しかも学生のニーズ、労働市場の変化、研究の進歩等々予測不能な要因によって絶えず変化し、新しくなっていることだ。それに高等教育は、芸術的創造にも深く関わっている。よって、現在のフランスの高等教育が陥っているソビエト的画一性や、国と教育機関の官僚的・幼児的関係は、じつに好ましくない。

フランスの高等教育機関が世界から羨望のまなざしで見られるようになるためには、競争原理を導入するのが最善の解決である（フランスの医療制度は現在競争原理が賢く活かされているが、これとても一九四五年にイギリスと同じ方式を採用していたら、こうはならなかっただろう）。道のりは長いが、まずはこの問題が大統領選挙において重要なテーマになってほしいものである。

＊1：フランスでは従来かなり厳格な学区制が敷かれ、何らかの事情で区域外の学校に通う生徒は一割程度にとどまっている。サルコジはこれを廃止し、すべての高校と中学は、「通える範囲であれば」どの地域の生徒も受け入れる方式にすると公約した。

＊2：政府が父母に対し、私立学校の学費に限って充当できる一定額の現金引換券（バウチャー）を支給することにより、学校選択を支援するとともに、公立学校と私立学校の間に競争原理を働かせ、公立学校の改善を促すことを目的とする制度。経済学者のミルトン・フリードマンが提唱した。学校に補助金を出すのではなく、バウチャー方式にすることによって、私立学校に入学した場合にも学費補助に充当できる。また親は希望の学校へ子供を転校させることによって、転校前に在籍した学校に不満を表明することができる。

11

最低賃金を巡る意地の張り合い

二〇〇六年一〇月二三日

社会党大統領候補の指名争いは、おおむね一つの問題に集中していると言ってよかろう。それは、法定最低賃金（ＳＭＩＣ）をどれだけ引き上げるべきか、という問題である。(*1) 首相・経済相経験者であるローラン・ファビウスは、(*2) この方面で存在感を強めようと狙っている。当初ファビウスは、月額一二五〇ユーロの現行最低賃金を任期中に一五〇〇ユーロに引き上げると主張した。すなわち、五年間で二〇％増である。しかしこの提案は社会党の綱領に採用され、すべての立候補者が共有することになったため、インパクトを失ってしまった。いまではファビウスは「選挙後数日以内に」一〇〇ユーロ（八％相当）引き上げるとしており、誰もこの主張に同調しないとして、党を批判している。

それにしても、元経済相のこの豹変ぶりには驚く。ほんの数年前には、彼は最富裕層の所得税減税や外国人経営幹部の税の減免措置を実施したのではなかったか。このような人物による今回の提案の信憑性が大いに疑わしいことに加え、この提案自体にも重大な問題がある。また、候補者選びをぎりぎりまで先送りすることの弊害も、改めて浮き彫りになった。候補者がなかなか決まらないと、一般受けする政策を打ち出す傾向が強まり、まともな議論ができなくなってしまう。

まず、二〇〇七年に最低賃金を八％引き上げると仮定しよう。では、次の年はどうするのか。経済成長率が二％程度では、最低賃金を毎年八％上げていくわけにはいかない。生産する以上に分配することはできない相談だ。ここ数年、時間給ベースの最低賃金は月次給よりも速いペースで上昇しているのだから、なおのことである（これは、週三五時間制の影響が大きい）。言い換えれば、低水準の賃金がさらに構造的に低下している、といった現象は存在しない。この点は、たとえば四〇年前とは全然ちがう。一九五〇～六〇年代には、最低賃金の上昇ペースは生産の伸び率を構造的に下回っていた。そこから賃金が遅れをとり戻し、一九六八～八三年には、生産の伸びは四〇％にとどまる一方で、最低賃金の購買力は一三〇％伸びたのだった。

下位層の賃金水準が絶対的に低すぎることはたしかである。だが最低賃金そのものは一般的な賃金水準と釣り合いがとれているし、その一般的な賃金水準は生産と釣り合いがとれている。このところ流行の批判とは裏腹に、企業収益の拡人ペースは、けっして賃金の上昇ペースを上回っていない。国民経済計算によると、給与所得はここ一〇年間一貫して付加価値の六五〜六六%を占めており、企業に残る利益は三四〜三五%にとどまっている。それに、政治家の責任は白地小切手を振り出すことではなく、持続可能な生産拡大の道筋をつけ、最貧層の購買力の増強を図ることである。そのためにも、野放図な支出は慎まねばならない。

しかも今日では、最低賃金よりももっと適切な手段が手近に存在する。勤労奨励手当（PPE）[*3]である。勤労奨励手当なら、より的確に低賃金労働者の購買力を高めることができる。この手当は社会党のジョスパン政権の下で二〇〇〇年に導入され、二〇〇二年以降に保守政権が大幅に引き上げた（よい政策は反対陣営による見苦しい廃止を免れることを示す好例と言えよう）。ところが現在の社会党はこの手当にあまり熱意を示しておらず、最低賃金の引き上げを巡って子供じみた意地の張り合いに熱中している。

勤労奨励手当は支給方式に難があり、技術的な改善は必要だ。また、この手当の増額が最低賃金の撤廃につながることは避けねばならない。そうなれば、雇用主の責任がなくなってしまうからだ。とは言え適切に施行すれば、勤労奨励手当には、購買力の伸びを平等に配分するという大きなメリットが期待できる。手当の額を世帯の状況、労働時間、給与水準に応じて調整できる点もすぐれており、最低賃金の一律引き上げより、ずっときめ細かい措置だと言えよう。最低賃金の引き上げではそうした微調整ができないため、一部の賃金が最低賃金に収斂しがちであり、賃金の上昇を却って阻むことになりやすい。

さらに、勤労奨励手当による所得再配分のロジックは、きわめて新しい発想に基づいている。その基本は、低賃金労働者を支援するに当たり、その雇用主（彼らの多くは零細企業の経営者であり、一般に大企業の経営者より貧しい）のみならず国家全体を巻き込んで労働の連帯を図るところにある。マルクス主義が抜け切らない左派が最低賃金にむやみにこだわるのは、驚くには当たらない。彼らはいまだに、資本主義社会の唯一の不平等として労働者と経営者を対比させ、労働者は永遠に貧しく経営者は永遠に裕福だと考えたがっている。だから何かにつけて経営者が金を出すべきだという。議論に急いで決着をつけようとすると、ますます短絡的になりやすい。

＊1：法定最低賃金は毎年原則として一月一日に、物価と賃金動向を反映して改定される。この時期以外でも、インフレ率が二％を上回ると随時改定される。なお選挙前には政府からの「一押し」が付くことが多い。二〇一四年一月時点の最低賃金は、時給ベースで九・五三ユーロ、法定労働時間（週三五時間）に基づく月額は一四四五・三八ユーロ。雇用労働者の約一二％が該当する。

＊2：ミッテラン大統領の下で首相を務めた（一九八四年七月〜八六年三月）。一九九二〜九三年には社会党党首。二〇〇七年の大統領選を前に、社会党候補に名乗りを挙げたものの、二〇〇六年の党大会でセゴレーヌ・ロワイヤル、ドミニク・ストロス＝カーンによる選挙の結果、ロワイヤルが公認候補となった。オランド現政権では外務相。

＊3：労働者に税の一部を補助する制度。この補助を受けられるのは「労働している人」であることが第一条件となる。フランスは世帯申告制度を採用しており、世帯の課税所得が一定金額以下であれば受給資格がある。二〇〇九年の場合、二〇〇八年の所得が単身世帯で約一万六〇〇〇ユーロ、夫婦またはＰＡＣＳ（連帯市民協約）の場合で約三万二〇〇〇ユーロ以下の世帯が該当する。

12

ミルトン・フリードマンに捧ぐ

二〇〇六年一一月二〇日

先週、ノーベル賞受賞経済学者ミルトン・フリードマンが亡くなった。九四歳。共感できる人物だったとは言いがたい。信念の人にありがちなことだが、経済面での超自由主義思想（市場至上主義、国家不要論）は、ある意味で自由主義に反する政治思想（市場の敗者を罰する権威主義的な国家）に行き着いた。一九七〇年代にピノチェト政権を表敬訪問したことは、その表れと言えよう。自由主義経済を唱える経済学者が集まって創立されたモンペルラン・ソサエティでは、フリードリヒ・ハイエクの跡を継いで会長を務めているが、彼らの「リベラル」なソサエティは一九九〇〜二〇〇〇年代まで、南米の金離れのよい政権（チリ軍事政権）と関係があった。

とはいえフリードマンには、歴史に名を刻むに値する重要な意義がある。それは、彼が単なる観念論者ではなかったことに由来する。彼の研究の成果に（政治的立場は別として）同意するにせよしないにせよ、フリードマンが王道を行く研究者であったことに疑いの余地はない。調査・研究において示された厳密さと正確性は、後に続く研究者に大きな影響をおよぼしている。

それを立証するものとして、『米国金融史　一八六七〜一九六〇年』を改めて挙げるまでもあるまい。伝統的な経済学の手法に則った研究の成果であるこの大著は、一九六三年に発表されるや否や、マネタリスト革命の狼煙《のろし》を上げる記念碑的作品となった。フリードマンは同書でアメリカの資本主義を一世紀にわたって遡り、景気後退期と景気拡大期それぞれについて、いかなるメカニズムが経済構造に作用したのかを徹底的に分析している。そのためにフリードマンがとくに注意を払ったのが、連邦準備制度理事会（ＦＲＢ）の採用した金融政策に続いてどのような動きが起きたか、という点だった。この調査は主としてＦＲＢのアーカイブと理事会の議事録を通じて行われている。

この研究でクローズアップされているのが、一九二九年の大暴落に続く大恐慌の時期であったことは、当然と言えよう。この大恐慌に伴う悲惨なデフレがヨーロッパに飛び火し、ナチズムの台頭につながったのであり、現代のマクロ経済政策は、すべてこの時期の反省が出発点になっている。フリードマンにとって、FRBのとった過度の緊縮策が、単なる株式市場の大暴落を過去に例のない大恐慌（産出高が二〇％以上も落ち込み、失業率は二五％に達した）にしてしまったことは、火を見るよりあきらかだった。この危機は貨幣的なものであって過小消費が原因ではない、とフリードマンは結論づけている。

この精緻な分析から、フリードマンは政策的な結論も導き出した。資本主義経済において急激な落ち込みのない安定的な成長を実現するには、物価水準のゆるやかで安定的な上昇を導くように通貨供給量を調節する政策をとれば、それで十分だというのである。フリードマンの目から見れば、危機の三〇年代にルーズベルトと民主党が実施したニューディール政策と、それに伴う雇用拡大策や所得移転策は壮大な過ちであり、高くついたうえに無益だった。言い換えれば、資本主義を救うために必要なのは、福祉国家ではないし、大きい政府でもない。「よい中央銀行」があれば、それでよい。一九六〇～七〇年代のアメリカでは、左派がニューディールを完遂しようとしたが、ヨーロッパの高度成長を目の当たりにした世論は、アメリカの後退を心配し始めていた。そうした状況で、このシンプルで力強いフリードマンのメッセージが発せられたのである。フリードマンとシカゴ学派の研究が、政府の役割の野放図な拡大への批判につながり、レーガン＝サッチャー時代の保守革命（一九七九〜八〇年）を促したことはまちがいない。それは他国へも広く波及していった。

フリードマンが経済学の研究から導き出した政治的な結論は、やはりイデオロギーを免れていない。「よい中央銀行」があればよいと言うなら、「よい福祉国家」があってもよかったはずだし、おそらく後者のほうがよいではないか。とは言え、フリードマンの重厚な研究が、二〇世紀で最も深刻な危機を巡る当時のコンセンサスに疑義を提出したことはまちがいないし、あのみごとな研究に裏づけられていたからこそ、彼のメッセージはあれほどの影響力を持ったのである。今日では、一九二九年の危機と金融政策の役割に関する議論は、ほとんど決着がついている。だからと言って、フリードマンの業績の重要性が薄れることはない。

議論好きで反感を買いやすいが、しかし精力的で研究熱心だったこの学者は、経済学の議論の場として、限りなく自由な意見交換が許され、研究者が本腰を入れて研究に取り組める大学が必要であることも示した。これは、フランスにとって大いに示唆に富む。なにしろフランスでは、自由主義を正面切って主張する経済学者がほとんどおらず、いるとしても国際的に評価が低いうえ、的外れの前例主義に囚われて、知の怠慢に貢献する以外のことはしていないのだから。

13

購買力は下がったのか？

二〇〇六年一二月一八日

このところフランスでは、嵩《かさ》む生活費と下がった（とされる）購買力を巡る議論がかまびすしい。この議論の根は深く、この先もまだ続きそうだ。

簡単にまとめておくと、国立統計経済研究所（ＩＮＳＥＥ）のデータによれば、ここ数年、所得の上昇ペースは物価の上昇ペースよりも速いことになっている。これにより、購買力は年平均一・九％伸びている。このデータを疑うことは、まずむずかしい。「公式統計」を批判的に検証することは正しいとしても、フランス人の生活が苦しいからと言って統計を頭から否定するのは、不当だし迎合的でもある。ＩＮＳＥＥが行っている所得と物価の計算は数千人分のデータに基づいており、その統計値の正確性は国際的にも認められている。町のスーパーマーケットを一〇軒ほど調査しただけで、公式統計はまちがっているなどと主張するのは、まじめな態度とは言いがたい。

体温計で測って熱がなかったら、患者を苦しめているのは別の原因と考えるべきだ。

　この場合の真実は、購買力はたしかに上がってはいるが、あまりに小幅なので、消費者には感じられないということである。まず、年一・九％という購買力の伸び率（これはＧＤＰの伸び率に等しい）は、世帯所得について言えるもので、個人の所得ではないことに注意しなければいけない。フランスの人口増加率はおよそ年〇・五％だから、一人当たりの購買力の伸び率は、年一・四％にしかならない。しかも世帯の再構成と高齢化の影響で、人口より世帯数のほうがはるかに速いペースで増えている（前者の〇・五％に対し、後者は一・三％）。このため、世帯当たりの平均購買力の伸びは年〇・六％にしかならない。

　さらに、これもＩＮＳＥＥによれば、物価上昇率が年〇・三％となっている（ちなみに物価指数にはモノやサービスの質的改善も含まれている。これは正当だが、おそらく家計は気づかないうちにこれに慣れてしまう）。そのうえ最貧層が被る物価上昇の影響は、平均物価上昇率よりも〇・一〜〇・二％高い。以上を差し引いてなお購買力がささやかながら上昇するとしても、医療保険料や生活水準の実質的向上に伴う支出に吸収されてしまう（生活水準はたしかに向上しているのだが、家計はそれに慣れ切ってしまって意識しない）。

以上の点から、購買力の実質上昇率は限りなくゼロに近く、所得の上昇ペースと物価の上昇ペースとの差はほとんど実感できないことがわかる。このように購買力の伸びが停滞する状況が、二〇年前から続いているのである。購買力が年四、五％上昇し、誰もが購買力の伸びを実感していた「栄光の三〇年」（一九四五〜七五年）とは、あまりに対照的だ。

このような状況では、購買力が衰えているという感覚が蔓延するのも無理はない。購買力が年一、二％しか上昇しない世帯はそれを実感できず、現実に減っている世帯は不満の声を張り上げる。所得・費用研究センターが指摘するとおり、平均手取り給与がごくわずかしか上昇しない状況では、給与所得者の約四〇％は、自分の給与が年々下がっていると感じるものである。その主な原因は労働時間の変動にある。残念ながら現在の統計手法では、家計の所得について真のパネルデータ（固定調査データ）を収集できないため、個別データの分析にとどまっている。

最後に重要な点として、実感されない程度の平均購買力の伸びとは裏腹に、年一〇％か二〇％も価格が上昇するようなモノやサービスが、現実に重大な影響を与えていることを指摘しておかねばならない。急騰する一部のモノやサービスが平均物価指数にはあまり反映されないとしても、場合によっては非常に強く受けとめられ、重くのしかかることは大いにあり得る。たとえば近々引っ越しをしなければならない世帯にとっては、家賃の上昇は重大な関心事であり、公式統計の平均物価指数をはるかに上回る影響を購買力におよぼす。

より一般的な話をすれば、毎日のように株価や不動産価格が一〇％も上がるような世界で、賃金上昇率が年一％か二％というのでは、欲求不満が溜まっても意外ではない。長期的にみればいずれ両者の乖離は埋まるのかもしれないが、その内実を注意深く観察する必要がある。たとえばＩＮＳＥＥの発表によれば、相対的な貧困度は最近になって低下したという（原因は、低水準の賃金がわずかながらも平均賃金を上回る伸びを示したため）。だが、資産所得とキャピタルゲインの動向を調べないのは筋が通らない。だからと言って、統計全体を疑ってかかるべきではない。フランス人の経済状況の推移をあきらかにする手段、とくに資産と所得に関する租税資料へのアクセスを、ぜひとも研究者に与えてほしい。

第2部

（二〇〇七～二〇〇九年）

公的資金注入合戦

14

権利を謳えば効果はあるか？

二〇〇七年一月一五日

住居権(*)が存在するだけで、いわゆる住宅難民問題をいくらかなりとも解決し、劣悪な住居事情を改善することはできるのだろうか。多くの専門家は懐疑的だ。権利の存在を主張するだけでそれが実現するなら、こんなに結構なことはない。たとえば働く権利は一九四六年憲法に明記されているが、失業率の低下にいっこうに貢献していない。最底辺の人々をほんとうに助けるには、原理原則を確認するだけでは不十分であり、公営住宅の建設や住宅手当といった、しかるべき政策に予算をつけなければならない。政府は万人に平等に与えられる抽象的な権利の存在を謳うだけで、生活水準にあきらかに存在する不平等を減らすための具体的な手を打とうとしていない。

とは言え住居の確保という問題は、従来の経済政策で解決できなかったことからもわかるように、見かけよりかなり複雑である。一九七〇年代までは、政府が自ら公営住宅の建設を大々的に行っていた。中には成功例もあるが、すでに取り壊された集合住宅や低家賃住宅が多数あることからもわかるとおり、悲惨な失敗例も少なくない。

一九七〇～八〇年代になると、政府は建設に助成金を出す方式から、人に出す方式に改めた。住宅手当である。この手当は徐々に額が引き上げられ、範囲も拡大し、住宅需要を公営住宅だけでなく民間市場で吸収することをめざした。住宅手当はフランスにおいて最も規模の大きい所得移転となり、二〇〇六年には一五〇億ユーロに達している。これは、社会参入最低所得手当（ＲＭＩ）と勤労奨励手当（ＰＰＥ）の合計の二倍近い。

ところが手当の成果のほうは、残念ながら期待はずれである。ガブリエル・ファクの研究が示すように、住宅手当の八〇％は住宅所有者による家賃の引き上げを招くだけで、住宅の質的改善にはつながっていない。住宅の供給がきわめて硬直的で、民間の住宅建設産業には新たなインセンティブに反応する余地がほとんどないことが原因と考えられる。

この失敗を踏まえ、新たな道が模索された結果が住居権というわけだ。この権利が保障されると、何が可能になるのか。この手の質問を受け付けている委員会によると、住居のない人は、しかるべき行政当局に申請することができる。申請が受理され、審査を経て権利が認められると、住宅担当局に回され、一定期間内に住居が斡旋される。斡旋されなかった場合や、斡旋された住居が条件に満たない場合には、裁判所に不服申し立てをすることができる。

してみると、住居権の導入により、行政の責任の所在があきらかになるというメリットはありそうだ。また、住宅を提供するために空き住宅の確保などの措置が講じられるほか、住宅建設が促進されることも期待できよう。住宅供給のように複雑な問題には、政府の介入は正当と考えられるし、都市整備の観点からも好ましい。

また、不服申し立て制度が導入されることにより、この方面の人材育成やノウハウの蓄積も期待できる。このような経済的・社会的な問題に関する訴えが何らかの具体的成果につながることは、フランスの伝統からするとあまり例がないのであるが、外国にはすでに多くの事例がある。

たとえば二〇〇一年にはインドの最高裁判所が、学校給食に平等の権利を認める判決を下した。これは、多くの団体が国や地方自治体を相手取って無数の訴えを起こした成果であり、いまではこの権利があたりまえのように実施されている。とは言えこの事例からは、訴えが成果に結びつきやすいのは、比較的単純な権利であることもわかる。住居権の場合には、面積、賃貸料、立地などさまざまな条件が絡んでおり、たとえば「家賃が所得の二五％未満」といった単一基準で済む話ではない。まずは申請条件や審査基準を明確にし、誰もが理解できるようにすることが重要である。この権利の有効性が確認できるようになるのは、その後になろう。

＊：正確には「住居に関して不服申し立てをする権利」。ＤＡＬＯと略称される。住居のない人、現在の住居からの立ち退きを迫られている人、一時的に仮宿泊所にいる人などが優先的に申請でき、該当者は五、六〇万人と見込まれている。フランスでは、失業率の上昇に伴い、家賃が払えなくなる世帯は増える一方である。斡旋される住宅は低所得者向けの公営住宅だが、受け入れ可能な戸数（空き住宅）は該当世帯数の一〇分の一程度にとどまっており、とくにパリ周辺ではほとんど申請に応じられていない。ちなみにフランスでは、厳寒期の一一月初めから三月一五日まで、「冬期休戦（trêve hivernal）」と言って家賃未納者の強制退去は禁じられている。

15

サルコジの不可能な公約

二〇〇七年二月一二日

ニコラ・サルコジが掲げる疑わしい公約の中で、ひときわあやしいのが、GDPの四%相当の大型減税を実施するという主張である。この種の統計に日々接している人はめったにいないので、このように漠然とした数字では、たいていの人には実現可能なのか不可能なのか判断できまい。

最初に言っておかねばならないのは、フランスでは政府税収(社会保険料を含む)がGDPの約四四%を占めるということである。ここから四ポイントも減らすとは、どうすれば可能なのか。このような目標を任期中に実現する可能性はほぼないことを理解するために、まずは「GDPの四%」という数字の大きさを知っておく必要がある。

GDPの四%に相当するのは、たとえば所得税+相続税+連帯富裕税の税収を合計した金額である。つまりサルコジは、この三つの税金を撤廃すると宣言したも同然なのである。ちなみにシラクは二〇〇二〜〇七年の任期中に、二〇％もの所得税の大型減税を実施した。とは言え、その分を他の税金や社会保険料の引き上げで埋め合わせており、総合的な税収はあまり変わっていない。政府税収および社会保険料収入のGDP比は、一九八五年からずっと四二〜四四％で安定的に推移している（じつはサルコジが経済相を務めた二〇〇二〜〇七年には、この比率は一・五ポイント近く上昇した）。

GDP比四％分の減税をするということは、その分だけ政府支出を減らすということにほかならない。したがって、何を減らすのかを示さなければならないはずだ。GDP比四％に相当する支出は、たとえば高等教育・研究費の四倍である。あるいは医療費の半分強である。サルコジは、どうやってそれだけの支出を切り詰めるつもりなのだろうか。現時点で漠然と示されているありきたりの歳出削減だけでは、GDP比〇・一％にもなるまい。

医療費と年金のために歳出は構造的に増加傾向にあることや、新たなニーズ（言うまでもなく教育、研究）を考えれば、政府支出をそのように大幅に減らすことは、可能でもなければ望ましくもない。経済成長によってGDPに占める政府部門の比重は自動的に下がるというばかげた意見は、経済の基本的なメカニズムを全然わかっていないことを露呈している。政府部門の給与が劇的に低下しない限り（そのようなことは、国家が効果的に機能するうえでけっして望ましくない）、医療、教育、年金などのサービスを変わらずに維持するために、政府部門はほぼ一定の比率を占めるのである。

もし経済成長には税率を押し下げる魔法の効果があるのだとすれば、諸外国にその例が見つかるはずだ。実際、サルコジの公約の信頼性を確かめるには、世界の事例を一目見れば事足りる。先進国がGDP比四％相当の減税を行った例は、かつて一度もないのである。サッチャー革命がピークを迎えた一九八五〜九五年でさえ、減税はイギリスのGDPの二％相当にとどまった（その後にブレアが増税をして、結局は一九八五年当時のGDP比三七〜三八％の水準に戻った）。サルコジは、サッチャーの二倍の減税を、サッチャーの半分の期間でできるつもりなのだろうか。

先進国のお手本として多くの人が羨む北欧諸国でも、税収の比率は一定しており、GDP比四％も引き下げた例は見当たらない。スウェーデンの場合は一九九〇年以降五〇～五二％で、デンマークも四九～五〇％で安定している。将来的にも、どの国の政府も数年間でＧＤＰ比四％もの減税は予定しておらず、フランスにそれができるとは思えない。

公約を掲げるだけで、いつどうやって（何のために）実現するのかに触れようとしないサルコジは、またしても本性を現したと言えよう。この嘘つきの大統領候補は、ドゴール主義から社会自由主義に移行するどころか、ドゴールとブッシュを取り混ぜたような権威主義とポピュリズムに冒されている。ブッシュは、きわめて不平等な減税の弊害を指摘した専門家を公然と非難した。まさに同じように、サルコジは自分の主張と相容れない統計や分析結果を無視してきた。救世主を自認するサルコジは、国民（実際には一部の圧力団体にすぎないのだが）の望むことを何でも叶える能力があるつもりらしい。

16 経済は男性優位か？

二〇〇七年四月九日

セゴレーヌ・ロワイヤルは女である、よって経済に関して無知である——この推論は正しいのだろうか。時代錯誤的なこの定説は、多くの人の意識下に浸透しているらしい。思慮深いはずの評論家や学識経験者も、その言動から判断するに、やはりこの偏見に染まっているようである。

男性の候補者であれば、経済に無知でも許されるし（ニコラ・サルコジの場合）、経済についてはこれから考えると言っても許される（フランソワ・バイルの場合）。ところがロワイヤルの場合、こまかい点を曖昧にしただけで、経済に関する能力を疑問視されることになる。ここで、サルコジの公約を取り上げてみよう。サルコジは、五年間の任期中にGDP比四％相当の減税、ひいては歳出削減を行うと約束している。じつに疑わしい約束だ。マーガレット・サッチャーでさえ、あの鉄の意志で歳出削減に取り組んでも、ついに一〇年かけてGDP比二％相当しか削減できなかったのだから。

ロワイヤルがサルコジのように軽々しい約束をしたり、基本的な数字をとりちがえたりしたら、いったいどうなることだろう。サルコジは「労働者に手厚く」と口では言いながら、相続税の大幅減税を提案している。ところが報道陣は、このあきらかな矛盾を突くことをためらった。またサルコジとバイルはともに付加価値税（VAT）の引き上げを考えているが、どうやらシラク＝ジュペ政権の一九九五年の増税で成長が止まり、家計の購買力の伸びに急ブレーキがかかって世を沈滞ムードにしたことを忘れてしまったらしい。ロワイヤルがそのような増税案を打ち出したら、マクロ経済の初歩的な分析ミスだとさんざんに叩かれたにちがいない。

ロワイヤルが若年層雇用支援策として提案した「雇用機会契約」(*1)がこのところ手厳しく批判されているが、これも男女の偏見によるものとしか思えない。逆にソーシャルワーカーは女性が望ましいといった逆差別的な風潮も好ましくない。ロワイヤルの提案にまだ詰めていない部分があることは、大目に見よう。ともかくも、ロワイヤルの「雇用機会契約」を、猛反対の末に撤回に追い込まれた「初回雇用契約（CP

E）」[*2]と比べるのは筋が通らない。後者は若年層全体が対象で、企業に解雇の自由を与えるのに対し、前者は若年層のうち中途退学した若者が対象で、職業経験を積ませることが目的である。

この案は、少なくともサルコジやバイルの提案よりは経済効果が高い。サルコジは残業手当の税控除を主張している。これは、すでに職を得ている人にとっては結構なことだが、当然ながら最初の職探しに奔走している若者の役には立たない。また、一企業につき新規雇用二人分の社会保険料の使用者負担を全額免除するというバイルの提案は、夢物語だ。規模を問わずすべての企業に、また資格や給与水準を問わずすべての従業員に適用するというが、これでどのような効果があるのかはよくわからない。従業員数を五二〇人から五二二人に増やした企業は完璧にこの制度の適用を受けられるが、適用されるから増やすわけではあるまい。

これに対してロワイヤルの案ははるかに安上がりだし、的を絞っているだけにメリットも大きい。現在ほとんど就労機会のない無資格の若年層に職業体験をさせ、雇用への道筋をつけるという目的が明確だ。

より広い視点から言えば、フランスが教育・研究・イノベーションへの投資できわめて遅れていることを理解している点で、三候補の中では最も頼もしい。学校教育の問題と高等研究の問題の両方に切り込んでいるのは、ロワイヤルだけである。もしロワイヤルが勝てば、フランスにはびこる「女に経済はわからない」神話もついに崩壊するだろう。

＊1：中途退学した若者を対象に、従業員一〇人未満の事業所・商店に就労する機会を与えるというもの。一年間は職業研修期間として国が給与を払う。一年が終わって双方が「満足できる」場合には、「安定的な雇用契約に移行」する。フランスには学士号などの資格を持たない中途退学者が一九万人いるとされ、学歴社会の同国では、彼らの就労はきわめて困難である。そもそも若年失業率が二〇％前後と高いが、さらに中途退学者の失業率は四〇％に達するとも言われ、大きな社会問題になっている。

＊2：二〇〇六年二月のコラムを参照されたい。

17

二度と再び

二〇〇七年五月一〇日

大統領選の敗北(*)から、左派は何を学ぶべきか。一つ確実に言えるのは、敗退の原因はずいぶん前からわかっていたということである。それは、フランスが右傾化していたことだ。だから、サルコジに夢を託した。この流れには何をもってしても逆らえなかっただろう。信憑性のほどは定かでないが、多くの調査によれば、フランス人の大半はサルコジの人間性にも行動にも危うさを感じているという。中道右派のフランス民主連合（UDF）党首であるフランソワ・バイルが予想外に健闘したことは、右派も含めて多くの人が新大統領に何がしかの懸念を抱いていることの何よりの証拠と言えそうだ。

敗退の原因として、人選ミスを挙げる人もいる。社会党候補のセゴレーヌ・ロワイヤルは、とくに経済問題に関して経験が不足しており、重みがなく、国民の信頼を得られなかったというのだ。だが、そうは思えない。ロワイヤルは能力があることを示したし、左派の従来の方針を刷新し、参加型民主主義、地方分権、権利・義務の見直し、教育投資などを推進する意欲も見せた。社会党の主流派と距離を置いていること、党員投票で信認を得ていることからすれば、唯一ロワイヤルに、決選投票の前にバイルに対話を呼びかけ、勝利を確実にできる可能性があったと考えられる。これは政治において必須の駆け引きであり、けっして民主主義に反するものではない。

思うに真の敗因は、十分な準備期間がとれなかったことにある。大統領候補にふさわしい骨組みのしっかりした政策綱領を用意するには、数カ月ではとても足りない。経済・社会の重要な問題について社会民主主義政党としての立場を固め、説得力のある計画を立案するには、学識経験者や専門家による入念な吟味も必要になるし、党員や支持者の理解を得る必要もある。数年におよぶ討論と忍耐が欠かせない作業だ。

セゴレーヌ・ロワイヤルは去年の一一月に社会党の大統領候補に指名され、大統領選の第一回投票は今年の四月だった。これでは準備不足のそしりは免れない。彼女の現実主義とエネルギーをもってしても足りなかった。敵陣営が、ロワイヤルは経済に弱いというネガティブ・キャンペーンを張っていた中では、なおのことである。

保守政権（大統領はジャック・シラク）だった二〇〇二〜〇七年に社会党が犯した決定的な過ちは、政策綱領の起草が遅れたこと、しかも起草後まで候補者選びを先送りしても大丈夫だと信じた、あるいは信じている振りをしたことである。だから党内では、候補についての話は二〇〇六年になるまで一切出なかった。困難な課題を任せられるような強力な指導者が誰なのか見当もつかなかったし、決めた途端に裏で足の引っ張り合いになることを恐れもしたのである。

その結果、二〇〇六年になってから書き上げられた綱領はじつになまぬるく、対立を招きかねない問題はすべて回避されているという代物だった。ロワイヤルはこれを自分なりの色に染めようとしたが、有権者の目から見ればとうてい納得できるものではなかった。

そのことを雄弁に物語る例を一つ挙げよう。年金をテーマに展開されたテレビ討論の場で、サルコジは巧みに議論をリードし、ロワイヤルが年金所得に課税しようとしている、との結論を導き出したのである。そのような税金はどう考えてもあり得るはずがない。だがテレビの前にいた数百万のフランス人はこのやりとりを見て、社会党が二〇〇三年の年金改革法（フィヨン法）に執拗に反対したことを思い出したにちがいない。フランスの年金制度が大胆な改革を必要としていることは、大多数の了解事項だったにもかかわらず、である。

いま必要なのは、サルコジの任期（二〇〇七〜一二年）中に二度とこの過ちを繰り返さないことである。少なくとも年内には、社会党として実現したい政策を党員投票にかけることだ。それが決まれば、二〇一二年まで任せられるリーダーは自ずと決まるはずである。これに対して、候補者こそ党の顔なのだから、そちらが先だという議論がある。しかし、筆者の考えは逆だ。まずは政策、そしてそれを議論することが先決で、人選びは二の次、三の次である。巷《ちまた》に流布している説とはちがって、たいていの人に大統領は務まるものだ――サルコジにさえ。だから一番の問題をまず片付けること。そうすれば、自ずと二番目は決まる。候補選びに早いところ決着をつけ、今回の悲劇を繰り返さないためにも、党員と支持者に今日から呼びかけていくべきだ。

＊　第一回投票が二〇〇七年四月二二日に、決選投票が同五月六日に行われた。決選投票の投票率は八四％。得票率は、サルコジ五三・〇六％、ロワイヤル四六・九四％だった。

18

二〇世紀型税制の終焉？

二〇〇七年一〇月二二日

先週、与党の国民運動連合（ＵＭＰ）は、専門用語で眩惑した新しい配当課税案を可決した。それによると、配当課税の税率は一律一八％である。これは、サルコジ政権の租税方針を表すものとして重い意味を持つ。この決定により、労働所得には累進制の所得税が、資産所得のほぼ全額には比例税がかかることになる。しかも後者の税率は低い。「労働者に手厚く」をスローガンに掲げながら、矛盾このうえない措置と言わねばならない。

どうしてこういうことになったのだろうか。一九一四年に一般所得税が創設された時点では、資産も、そこから生まれる所得もあまりにも巨額だったため、税の控除や免除をしようなどとは誰も考えなかった。よって、資産所得は全額が累進税の対象になった（資産所得には、仮想の家賃、すなわち所有者が住んでいる住宅の想定賃貸料も含まれた）。さらに一九一七年からは、今日の法人税の原型である利益課税も導入された。しかも金融資産の収益（債券利子および株式配当）は、一八七二年からずっと課税されていたのである。一方、給与所得のほうは大幅な優遇税制の恩恵に与っていた。このバランスが崩れたのは、第二次世界大戦終戦後すぐのことである。

戦争で多くの財産が甚大な損害を被ったうえ、一九三〇年代の大恐慌が重なったこともあり、政府はすこし手綱を緩める必要があると判断する。こうして、一九五〇年代からまずはローン金利が引き下げられ、さらに一九六三年には仮想の家賃が課税免除された。さらに一九六五年には配当控除が設けられ、利子所得も累進税の対象ではなくなって一律一五％の税率が適用されるようになった。これは、最高税率を適用される富裕層にとってはきわめて有利な処置である。

こうして税制に一旦空いた穴は、二度とふさがれることはなかった。課税免除となる財形貯蓄を始めとしてさまざまな金融商品が出回り、一九八〇～九〇年代には資本の移動性が増大し、各国が競って減税合戦を繰り広げたこともあって、税の優遇・減免措置は急増したのである。二〇〇五年には、家計部門の資産所得が一〇〇〇億ユーロ前後に達したにもかかわらず、累進制の所得税の対象になったのはわずか二〇〇億ユーロというありさまだった。

こうした傾向の最後の仕上げとなったのが、今回の配当課税である。配当はこれまで累進税を課されていたのだが、二〇〇六年には五〇%が税額控除の対象となり、二〇〇八年からは累進税ではなく、他の金融資産所得（利子、配当、キャピタルゲイン）と同じく比例税になり、税率は一律一八%とするというのだ。

これは、二〇世紀型税制の終焉の日なのだろうか。二一世紀の租税は、労働のみにかかることになるのだろうか。現在、資産所得はほぼ全額が共通の税体系から外れており、容易に税率を〇%まで引き下げることができる。グローバルな税競争の現状を見ると、この方向に向かっていることはあきらかだ。ポーランドの右派は選挙運動の際に、法人税を一〇%に、金融資産所得の税率を一五%に引き下げると表明した。フランスにしても、他国の優遇税制は批判しておきながら、一度ならず税のダンピングを行っている（現時点では、金融資産所得への課税をここまでゆるくした先進国はほかにない）。

だが、一つ確かなことがある。長期にわたって財産への課税を手控える国は、経済が硬直化（不労所得生活者《ランティエ》は必ず歳をとる）し、社会不安が起きるリスクが大きい、ということだ。法人税については、ヨーロッパ全体で足並みを揃える必要性がすでに検討されている。金融資産所得については、グローバルな資本フローがますます捕捉困難になっていることもあり、二〇世紀型の累進課税に回帰できるかどうかは不透明だ。となれば、二一世紀にふさわしいモデルを開発するほうがよいかもしれない。たとえば所得というフローではなく、資産そのもののストックに課税するモデルが考えられる。未来は今日から始まるのだ。

19 週三五時間制の呪い

二〇〇七年一二月一七日

サルコジは社会党の目の前で、週三五時間制を徹底的に粉砕するつもりらしい。とは言え、彼はまちがっていない。そもそも「もっと働いて、もっと稼ごう」というスローガンで大勝利を収めたのだから。そして選挙後にはさっそく、規定時間以上の残業の推進と残業手当の課税免除を実行に移している。購買力を強化するための次なる措置は、労働時間短縮の廃止である。社会党に対する拷問は、いっかな終わりそうもない。

この戦略はよく理解できる。これほどの規模の改革には何かしらメリットがあるものだし、労働再編に労使双方が満足できる企業の場合には、とくにそう言える。それにやはり、一九九七～九八年に導入された週三五時間制は、経済的にも社会的にも大失敗の政策だったと言わざるを得ない。

理由は、労働時間への政府介入は必然的に失敗に終わるものであり、生産性の向上の成果を購買力の向上に当てるか自由な時間を増やすほうに回すかは、企業と労働者の個別交渉にゆだねるべきだから、ではない。過去の経験からすると、このような自由主義的な原理だけではうまくいかないことがわかっている。とくに自由な時間、具体的には有給休暇の日数に関して、自由主義の原理は社会の習慣や価値観を無視しがちだという問題がある。法律が数回にわたって有給休暇の日数を定めなかったら（一九三六年に二週間、一九八二年に五週間）、フランス人もアングロサクソン同様、休暇を増やすより購買力を増やす選択をしたかもしれない。だがそのような「選択」は、生活満足度の点からは必ずしも最適とは言えまい。その証拠に、給与所得者以外の就労者も、一九八二年に同じように休暇を増やしているのである。一日の就業時間についても、同じ理屈が成り立つ。

ただし、労働時間に関する政策が、どのタイミングで導入されるかは重要なポイントだ。政策当局と労組幹部は、余暇に関する労働者の満たされない欲求を推し量らなければならない。とりわけ、お金も欲しいが休みも欲しいという矛盾した願望には無限のバリエーションがあり、したがって柔軟な運用の余地を十分に残しておく必要がある。その意味で、週三五時間制の導入はあきらかにタイミングがまちがっていた。労働時間の短縮は、購買力の増強が一定期間以上続いた後でないと、うまくいかないのである。したがって、一九八〇年代の始めからフランスを襲った給与の伸び悩みのさなかに導入すべきではなかった。

給与の伸び悩み自体は構造的な原因によるものだ。「栄光の三〇年」（一九四五～七五年）の高度成長が終わると、わずかな成長は年金と医療費で消えてしまう時代にフランスはだいぶ前から突入している。イノベーションによってハイテク機器の値段は下がっても、日々の必需品の値段は下がらない。家賃は上がり、株価は下がる、といった具合だ。この状況で、週三五時間制は生活の足しにはならない。有権者が「もっと働いて、もっと稼ごう」に共感したのも当然だった。

じつは社会党は、一九三六年の二匹目のドジョウを狙ったのだった。しかし、一九三六年に導入された二週間の有給休暇は大成功だったが、同時に制定された週四〇時間制のほうは、一九六〇～七〇年代になるまで定着していない。数十年にわたって生産性と購買力が向上しない限り、労働者は労働時間の短縮を受け入れないからである。だから一九三六年の週四〇時間制も、やはりタイミングが悪かったと言える。マルサス的な政策では景気の低迷に打ち克つことはできないのだ。

今後しばらく社会党は、週三五時間制が悪かったとまでは認めないにしても、この種の問題に関しては声が小さくなるだろう。これは嘆かわしいことである。世論がサルコジに何でも認めてしまう状況では、なおさらだ。年間で一〇〇億ユーロも残業手当の税控除に投じるような経済的錯誤は、どんな国もいままでにやったことがない(なにしろ一〇〇億ユーロと言えば、フランスのすべて大学の予算に相当するのである)。

もういい加減に労働時間の議論をするのはやめて、教育やイノベーションへの投資を議論してもらいたいものである。グローバル化する世界でフランスが輝くための唯一の答は、そこにあるのだから。

20

購買力を高めるには

二〇〇八年一月一四日

　購買力増強政策が失敗に終わったのを受けて、われらが想像力ゆたかな大統領は、新しい一手を打ってきた。名づけて「文明政策」である。二一世紀にふさわしい新しいフランスをつくるという。だがこれは、国民の目を逸らす見え透いた手だ。いまある道具を上手に使いさえすれば、購買力を効果的に高めることは十分に可能である。国民にアンケート調査を実施したら、たちどころに明快な答が返って来るだろう。

　論理的に考えて、購買力を高めるのにまず必要なのは、付加価値税（ＶＡＴ）を下げることである。だが政府は下げるどころか、先日の議会選挙運動中には引き上げると明言した。一五〇億ユーロに上る減税案（そのためにはＶＡＴをまるまる二％引き上げなければならない）と一連のニッチ優遇税制の財源に必要だという。増税にはもっともらしいイデオロギー的な理由がつけられているが、効果のほどは大いに疑わしい。あらゆる指標から、家計の不満が募り、この半年ほど選挙後にしては異例の速さで大統領の支持率が衰えたことがうかがえる。

ところがサルコジは「社会保障目的の付加価値税」の増税に固執しているらしく、もうすぐ冬が来る、夏の前に日干しをしておいた金庫をいつまでも空にはしておけない、などと親切ごかしに説明している。勤労奨励手当（ＰＰＥ）の存在を考えると、歌ばかり歌っていたセミ[*1]の失敗はなおのこと重大である。この手当は、結局のところ、低所得層に的を絞ってＶＡＴを効果的に下げる装置として機能するからだ。

勤労奨励手当は、低賃金労働者の税負担を減らす目的で、社会党のジョスパン政権が二〇〇〇年に導入したものである（社会党はもともと一般社会税（ＣＳＧ）の減税を望んでいたが、なぜか憲法評議会に違憲判断を下された）。毎日早起きをして辛い肉体労働に従事しながら、少ない賃金でがんばっている労働者を励まそうというのが勤労奨励手当の理念である。手当の額は二〇〇二年以降何度か引き上げられており、罪の意識を感じたらしい右派が、左派の改革を引き継いだ格好になっている。

とは言え、手当の額はごく少ない。この手当を受け取っている世帯は一〇〇〇万ほどだが、平均額は五〇〇ユーロ（最高でも九〇〇ユーロ）、予算総額は五〇億ユーロだ。低賃金労働者が負担する税を考えると、これではあまりに少なすぎる。たとえば法定最低賃金（SMIC）で働くフルタイム労働者は、所得のほぼ全額（すなわち年間約一万二〇〇〇ユーロ）を消費に回す。すると、給与二カ月分のVATを納めている計算になる。さらに一カ月分を一般社会税にとられる。このほかに社会保険料があり、間接税（ガソリン税、タバコ税、酒税等々）があるのは言うまでもない。それやこれやで、給与の五〇％以上に相当する税金を負担していることになる。

このおおざっぱな計算だけからも、勤労奨励手当を倍にすべきだと考えられる。そうすれば、最低賃金で働く人々の付加価値税負担を半分に減らすことができる。これに必要な財源はたった五〇億ユーロだ。これだけで、下手な小細工を弄するよりもはるかに大幅に、この層の購買力は増強されよう。しかも財政赤字の縮小や未来への投資に与える影響はほとんどない。同時に手当の支給方法を見直し、毎月支給して給与明細に載せるようにすべきだ。現時点では一年後に還付されるが、このしくみを理解している労働者はほとんどいない。

なおニコラ・サルコジとマルタン・イルシュは、勤労奨励手当とは別に、積極的連帯所得手当（RSA）(*2)なるものを導入するという。仕事の見つかった生活保護世帯に給与を補う補助金を出すという制度で、貧困対策の目玉とされているが、全体としては毎度のことながら、貧困層が受け取る移転所得よりもとられる税金のほうが多くなりそうだ。社会党はこのような非現実的な議論に立ち入らないで、より効率的な方策を検討するほうがよい。

＊1：もともとの「ラ・フォンテーヌの寓話」では、「アリとセミ」である。これがヨーロッパ北部に伝わったとき、セミがいないため、キリギリスに置き換えられたと言われる。イソップ童話では、「アリとキリギリス」になっている。

＊2：生活保護を受けていた失業者が就労しても、手当の一部を引き続き受け取れる制度。いわゆる生活保護に当たる従来の社会参入最低所得手当（RMI）では、少しでも働いて収入を得ると手当がもらえなくなるため、就労意欲が著しく損なわれ、低い社会復帰率が大きな問題となっていた。もともとは子どもの貧困問題を調査するために、二〇〇四年にボランティア団体「エマウス・フランス」のイルシュ会長を委員長として家族・弱者・貧困委員会が設置され、その調査報告書の中でRSAが提案された経緯がある。二〇〇七年の大統領選挙で社会党のセゴレーヌ・ロワイヤル候補がRSAの実現を公約。このとき当選したサルコジ大統領が制度の検討を引き継ぎ、「就労のための連帯」委員会の高等弁務官としてイルシュを引き抜いた。

21

中身のないアタリ報告

二〇〇八年二月一一日

はっきり言おう。アタリ委員会（正式名称は、「二一世紀のフランス」変革のための大統領諮問委員会）の報告はまったく期待はずれだった。非難の的になった提言（タクシー、美容師などの職業規制緩和、大店舗法の緩和など）に妥当な根拠がないから、ではない。(*1) 委員会には、多くの職業に存在する参入障壁を批判する権利はたしかにある。フランス流閉鎖主義の弊害を過小評価すべきではないし、利用者の生活の質という観点からも、雇用の創出の観点からも、参入障壁に問題はある。現在入手可能な中で最も信頼できる調査によると、特定職業への新規参入を規制するロワイエ＝ラファラン法（商業・手工業の方向性に関する法律）を撤廃するだけで、雇用を一〇％増やせるという。

だが、いくつかの的を絞った提言はともかく、報告書に盛り込まれた三〇〇以上もの提言はまるで一貫性を欠いている。(*2) アタリ委員会は、未来は知識経済から始まり、それは教育とイノベーションに懸かっていると宣言した。たしかにそのとおり――言い古されたことではあるが。ところが報告書は、人的資本への投資不足を解消するための新しい策は、何一つ打ち出していない。この未来への投資に必要な財源や経済政策について、一言も触れていないのだ。具体的な数字を挙げよう。現在フランスの高等教育予算は学生一人当たり八〇〇〇ユーロだが、これを北欧並みの二万ユーロにどうやって引き上げていくのか。この課題に報告書は言及していない。さらに問題なのは、報告書が未来への準備とは無関係のサルコジの大盤振る舞いを見過ごしていることだ。ローン金利の引き下げ、残業手当の税控除、富裕税の上限設定、相続税の引き下げなどの単なる損失は、年間一五〇億ユーロにも達する。

さらに、「成長のための自由化」を謳った二五〇ページに上るこの報告書は、そのための税制措置にはみごとなまでに触れていない。財源を税金でまかなうとなれば「成長のためのショック」を引き起こすことは確実だが、行間からは、委員会がそうしたショックを想定していないことがうかがわれる。提言をすることだけが仕事だと考えたのだろう。これは、この種の委員会に特有の困った傾向である。アタリ委員会には増税の提言も十分にできたはずなのだから、そうしなかったのはまことに嘆かわしい。たとえば社会保険料引き下げによる一五〇〇億〜二〇〇〇億ユーロの不足を埋め合わせるために、付加価値税（ＶＡＴ）や一般社会税（ＣＳＧ）の引き上げを提言できたはずである。労働者の社会保険料負担を引き下げると言っておきながら、その財源に言及しないのは、あまりに一面的な提言と言わざるを得ない。

この報告が、フランスの高等教育・研究制度にぜひとも必要な構造改革について、ほとんど触れていない点も問題である。ＰＵＰすなわち「学際的性格を特徴とする大学拠点」として一〇拠点をつくると言うが、これがただの新種の略語でないなら、具体策を示すべきである。さもないと、すでにフランスの大学制度にあまたある中身のない飾り物になってしまうだろう。

とくに問題なのは、フランスの大学は規模が不足しているという、完全に見当違いの認識が示されていることだ。現実は逆である。パリ第六大学（理学・工学・医学）の学生数は三万、パリ第一大学（経済学・法学・哲学）は四万以上だ。これに対してアメリカのマサチューセッツ工科大学（ＭＩＴ）は一万、ハーバード大学も二万足らずである。フランスの大学の課題は巨大化ではなく効率化であり、政治的・経済的に国家権力からの自律を実現することなのである。

しかし大学予算の九九％が唯一の財源すなわち国家から与えられる状況では、真の自律は実現できまい。大学は将来的に、財源の多様化を図る必要がある。地方自治体、財団、企業、個人、法人などが考えられよう（財団の原資は寄付が主体となるが、寄付への課税見直しが必要である。またフランスでは相続における法定遺留分が大きく、かつ自由分への課税が重いため、遺産の寄付がむずかしい。これらの点から、国家が唯一の財源となってしまっている）。さらに、学生の登録料[*3]の大幅引き上げを行うと同時に、奨学金制度や学資金貸与制度を充実させる必要もあろう。しかしこうした未来の大学構想は、奇妙なことにアタリ報告には見当たらない。

大学のガバナンスは、財源の多様化と並行して段階的な自律をめざすべきである。ペクレス法（大学の自由と責任に関する法律）は、大学運営評議会の人数を六〇人から三〇人に減らしただけで、運営方法自体は何も変わっていない。たとえば評議員は学長の選任にも関与できない。このように評議員の権限が小さいのでは、大学に資金を呼び込むのはむずかしい。アタリ報告が大学自律への道を拓かなかったとしても、この方向をめざすことを諦めてはならない。

＊１：規制緩和に反対してタクシーや美容師の大規模なデモが起きた。フランスのタクシーは個人タクシーが主体であり、かなりのお金を払って事業免許を取得しているため、運転手たちは自由化に激怒したのである。

＊２：報告書は「フランスを変えるための三〇〇の提言」と題され、全体で三一六項目の提言が含まれている。大きく分けて、「世界の成長への参画（教育、企業、技術）」、「機動性と安心（社会）」、「新しい行政（歳出抑制、権限委譲、税制）」の三部構成。

＊３：フランスの大学のほとんどは国立であり、登録料以外の学費は無料である（グランゼコールは別）。二〇一三年度の学士課程の登録料は約二〇〇ユーロで、きわめて安い。

22

医療保険を巡るオバマとクリントンの対決

二〇〇八年三月一〇日

バラク・オバマとヒラリー・クリントンの対決が再燃しそうな現在、何がとくに争点になっているのかを検討しておきたい。改めて言うまでもなく、おおもとの問題は国民皆保険制度の実現である。ヨーロッパから見れば、これのいったい何が問題なのか、理解に苦しむところだ。

医療保険料を払う余裕のない人にまで保険加入を強制しているとオバマから批判されてクリントンが激高し、「恥を知りなさい、バラク・オバマ」と呼び捨てにしたシーンは、インターネット上に出回ったこともあり、あまりにも有名である。クリントンに言わせれば、民主党にあるまじき批判だという。ハリー・トルーマン（もちろん民主党である）の夢だった国民皆保険を実現するために、党が結束しなくてよいのか、というわけだ。クリントンは強制加入を提案し、オバマは任意加入としているが、現実には五〇〇〇万人のアメリカ人が医療保険に一切加入していないのである。優等生のオバマは、問題は保険を強制することではなく安価にすることだ、オバマ・プランはそれを提案している、と反駁した。だがそれでは結局、クリントン・プランに劣らぬ予算を医療制度に投じることになる。

アメリカの保険制度に空いている穴を塞ぐことが、なぜそんなにむずかしいのだろうか。よく言われていることとは異なり、現実には保険に加入していない人はまともに救急治療も受けられないのだから、この穴を放置しておくわけにはいかない。最近の調査によると、六五歳の誕生日の数日前（したがって、高齢者向けの公的医療保険メディケアでカバーされない）に救急治療室に担ぎ込まれた患者は、満足な治療を受けられないため、ほんの数日ちがいで同じ病気になった人と比べると、死亡率が二〇％も跳ね上がるという。

なぜオバマとクリントンは、社会保険料または税金でまかなう公的保険を強制加入にすることで合意できないのか――ヨーロッパの住人なら、みな疑問に思うだろう。だが問題はそう単純ではない。アメリカではあまりに長いこと民間保険が医療保険を担ってきたため、いまさら後戻りはできないのである。アメリカの総人口三億人のうち、五〇〇〇万人が無保険だが、四〇〇〇万人を上回る高齢者は公的保険のメディケアに、五〇〇〇万人近い貧困層はやはり公的保険のメディケイドでカバーされている。そして一億六〇〇〇万人が民間の医療保険に加入しており、多くは企業負担のおかげで本人負担率はきわめて低い。この人たちの多くは、現在の保険に全体として満足している（そもそも、他の保険を知らない）。

連邦政府がメディケアのような公的保険をすべての国民に適用すると決めたら、その財源として社会保険料を大幅に引き上げなければならない（現行制度では、メディケアに税込み給与の二・九％、公的年金に一二・四％、失業保険に六・二％のみ）。そうなると多くの企業が二重払いを回避するために、従業員の民間保険の附保を打ち切るだろう。最終的には、公的保険が誰にとっても最善の解決になることはまちがいない。民間医療保険会社の競争がまちがった方向に進み、医療費の高騰を招いているアメリカの現状からすると、なおのことそう言える。

だが当面は、企業が手を引き、民間医療保険会社は客を奪われ、その保険会社に何万もの病院・医師ネットワークがつながっているとなれば、混乱は避けられまい。それが相当期間にわたって続く恐れもある。保険会社が窮地に陥るのは言うまでもないが、それよりも、民間保険に守られてきて満足している一億六〇〇〇万人は大いに困惑するだろう。

無保険の五〇〇〇万人を保険に加入させるために、クリントンとオバマが迂遠な段階的方法を採らざるを得ないのは、このためである。この五〇〇〇万人の多くは、小さな企業の従業員か、継続的には働いていない人たちだ。前者については、まずは雇用主に助成金を出して従業員の保険加入を義務づけ、後者については、助成金の出る保険に自分自身で加入するよう指導しなければならない（これはなかなかデリケートな問題である）。

問題は山積だが、明るい材料もある。クリントンもオバマも、ブッシュ減税を打ち切ると明言していることだ。これを医療保険制度の財源に加えることで、アメリカ流の保険制度の創設という困難な課題の実現に向けて、新たな段階に進めるはずである。

23 節約か、改革か？

二〇〇八年四月七日

先週の金曜日に「公共政策の全面的な見直し」なるものが発表された。これについて、どう考えるべきだろうか。筆者はこの取り組みを好意的に受けとめ、政府が配った一七六ページの文書を丹念に読んだのであるが、正直なところ、何を言いたいのかよくわからなかった。国民に対して透明性を高めるための取り組みだというのに、これはすでに問題である。

とは言え、見直しの目的は称賛に値する。公共政策を見直して重複や非効率を排除し、より効果的な政策を実行し、無駄な支出をできるだけ減らすという意欲的な目標に反対できる人がいるだろうか。公共支出は巨額に上るが、これまでそうした取り組みは一度として行われたことがなかった。年金や医療費支出が構造的に増え続ける一方で、知識経済への投資を国が率先して行わざるを得ない状況では、政府は公的支出を一ユーロたりとも無駄にしてはならない。就任して最初の夏で国庫を空っぽにしてしまうような政府に対しては、とくに強くそう言いたい。

問題は、高々と掲げた目的と、それに続いて公表された一連の政策とが、どうにも結びつかないことだ。これらはすべて、「二〇一一年をめどに七〇億ユーロ」を節約するためだという。だが、どこでどう七〇億ユーロ節約するのか、その内訳は、おおざっぱにさえ明かされていない。たしかに、公務員の定年退職者二人に対して一人しか補充しないというお決まりのアイデアは例に挙がっている。だが、七〇億ユーロ切り詰めるとなったら、一人につき三万ユーロとして、二五万人減らさなければならない。これほどの規模の公務員削減は、おそらく望ましくないだろう。いずれにせよ、自然減だけで短期間にそれを実現するのは不可能だ（自然減は年間二万五〇〇〇人程度）。この点について、一七六ページの文書には何も書いていない。

発表された政策を仔細に吟味すると、謎はさらに深まる。予算の切り詰めはどの省のどの部局あるいはどのプロジェクトが対象になるのか、内訳が一切示されていないだけでなく、政策の目玉らしきもののいずれもが、節約とは無関係に思えるのだ。たとえば、低家賃住宅（ＨＬＭ）の入居資格について、「子供二人のいる世帯の所得上限を三万九六九八ユーロから三万五七二八ユーロに引き下げる」とある（入居を申し込めるというだけで、必ず入居できるわけではない）。なるほどこの措置は、長い目で見れば、低家賃住宅を低所得層により有利に配分することにはなろう。しかし、購買力がどんどん低下している現状では、中流層の一部を締め出してバブル気味の民間住宅市場に放り出すのは、急を要する課題とは思われない。

それにともかく、なぜこれが予算の切り詰めにつながるのか、理解に苦しむ。政府は明言していないが、要するに低家賃住宅をこれ以上増やしたくないし、保守に使う予算も減らしたい、ということなのだろう。だとすれば、新築住宅の建設を増やすべきこの時期に、まるで歓迎できない政策である。これでは、昨年夏に実施された住宅ローン金利の引き下げも、他の支援策同様、効果が上がらなくなる。

それにしても、金曜日にサルコジがこの政策を弁護したときの根拠はひどく奇妙だった。かいつまんで言うと、「住宅価格が上昇したというので多くの人が私を非難したが、その後に大幅に値下がりした。だから、七月の非難は八月にはもう的外れだ」ということらしい。だが逆に言えば、住宅価格の上昇がおさまったのなら、住宅購入の支援策は急を要さないことになる。公共政策に関する大統領の思考回路を理解するのはじつにむずかしいが、いったい何が言いたかったのだろうか。これまた謎である。

　ともあれこの件は、いまや国中に広まっている印象をいっそう裏づける結果となった。それは、こと経済戦略に関する限り、国家の最高責任者の頭の中は思いつきに支配されているということである。

24

銀行を救うべきか？

二〇〇八年九月二〇日

金融危機は、経済における国家の復権につながるのだろうか。そうと断じるのはまだ早い。とりあえずいまは、十分に理解されていないいくつかの点をはっきりさせ、議論の出発点を明確にしておこう。

アメリカ政府が主導する銀行救済と金融規制改革は、それだけでは画期的な政策とは言えない。たしかに、アメリカの財務省と連邦準備制度理事会（ＦＲＢ）が日々事態に対応し、金融システムの主要部分を一時的に国有化していく様子は感動的である。納税者の最終的な負担がどれほどになるかは、終わってみなければわからないにしても、政府介入が過去に例のない額に達することはまちがいない。現時点では七〇〇〇億〜一兆四〇〇〇億ドルの間、すなわちアメリカのＧＤＰの五〜一〇％と推定されているが、一九八〇年代の貯蓄貸付組合（Ｓ＆Ｌ）救済は同二・五％で済んでいる。

それでもやはり、金融部門へのこのような介入は、ある意味では過去の方針や政策の延長線上にあると言える。アメリカの指導層は、じつは一九三〇年代からずっと、ある固定観念に囚われている。それは、一九二九年から始まった大恐慌があれほど深刻になり、資本主義そのものを破滅の淵に追いやったのは、FRBと政府が銀行を倒産するにまかせ、信頼の回復と実体経済の健全な成長に必要な流動性を注入しなかったからだ、というものである。一部のリベラルにとって、FRBの介入を支持することと、金融部門以外への政府介入に反対することは、矛盾なく対になっているらしい。

資本主義を救うためには、柔軟に事態に対処できる「よいFRB」が必要である。しかし、ルーズベルト信奉者が望むようなふやけた政府介入は必要ない、というわけだ。この歴史的な経緯を踏まえておかないと、アメリカの金融当局によるあまりに機敏な介入に度肝を抜かれることになる。

政府介入は金融に限定されるのだろうか。それは、大統領次第である。オバマはこの機を逃さず、金融以外の分野、たとえば医療保険や不平等の解消といった方面でも、政府の役割を強化することは可能なはずだ。もっとも、ブッシュ政権の大盤振る舞い（国防費、銀行救済など）のせいで、医療保険に関する予算的な裁量の余地はかなり狭まっている。それにアメリカ国民は、これ以上税金を払いたいとは思ってない。

目下アメリカ議会では金融部門の報酬規制が議論されているが、これを見る限りでは、この問題に対する政治家の見方は曖昧だ。金融機関の経営陣やトレーダーの報酬がこの三〇年間で途方もなく膨らんだことに対して、当然ながらアメリカ世論は憤激している。しかしこのほど出された報酬規制案は、公的資金を投入された金融機関においで、役員報酬の限度額を四〇万ドル（大統領の報酬と同じだ！）とするというものだ。これでは部分的な解決にしかならないし、しかも容易にすり抜けることができる。限度額を超える部分は別会社から払えばよいのだ。

一九三〇年代の大恐慌の際には、自分たちは肥え太りながら国を危機に追いやった金融エリートに対し、ルーズベルトは容赦ない措置をとった。連邦所得税の最高税率は、一九三二年に二五％から六三％に、一九三六年に七九％に、一九四一年には九一％に引き上げられた。一九六四年にようやく七七％に引き下げられたものの、三〇〜三五％の水準に戻るのは、一九八〇〜九〇年代のレーガン政権、ブッシュ政権になってからである（現在オバマは四五％への引き上げを提案している）。一九三〇年代から八〇年代まで、なんと五〇年近く、所得税の最高税率は七〇％以下にはならなか

った し、平均して八〇%を上回っていたのである。

数千万ドルのボーナスやゴールデンパラシュート(高額退職金)を(税金を五〇%以上は払わずに)受け取る権利を人権の問題として捉える現代の思想的風潮からすれば、ルーズベルトの政策は原始的かつ略奪的だということになるだろう。しかし現実には、そのような政策が半世紀にわたり、世界最大の民主国家で実施されていたのである。あきらかにこの時期に、アメリカ経済が機能不全に陥った形跡はない。むしろこの政策には、企業経営者を度外れの利益追求に駆り立てる誘因を大幅に減らしたというメリットがあった。

金融がグローバル化した今日では、会計の透明性に関する規則を徹底し、タックスヘイブン(租税回避地)に対する厳しい規制を設けない限り、ルーズベルト的な税制のメカニズムを導入することはおそらく不可能である。残念ながらこれが実現するまでには、あと何回か危機が必要だろう。

25 公的資金注入合戦

二〇〇八年一〇月二八日

四〇〇億ユーロをフランスの銀行の資本増強に、三二〇〇〇億ユーロを債務保証に、一兆七〇〇〇億ユーロをヨーロッパ全体に――これ以上すばらしいことがあろうか。史上最大規模の救済計画を発表した国に追いつき追い越せとばかり、富裕国は競ってリスクをとろうとしている。

まず言いたいのは、この「コミュニケーション戦略」が危機の火消しをしてくれ、おぞましい景気後退を防いでくれるという保証はどこにもないことである。なるほど金融市場は大きい数字が大好きだ。だがそれだけでなく、何のための資金か、誰が実際にそれを使えるのか、期日はいつで、返済条件はどうなっているのか、といったことも正確に知りたがる。この見地からすると、発表された資金供給案は、あまりに漠としていると言わざるを得ない。実のところ政府のふるまいは、どこか後ろ暗いところのある会社のようで、ありとあらゆる小細工を弄している。われらが大統領は、とくにそうだ。フローとストック、真水の資金投入と単なる銀行保証をごちゃまぜにし、同じオペレーションを何度も数え、全部合計してしまうという有様である。どうやら「大きいことはいいこと」であるらしい。

要するにフランス政府は、アメリカ政府に負けじとばかり、お金を欲しがってもいない銀行に大あわてで公的資金を投入するという、ばかげた状況になっている。それも確たる見返りもなしに、だ。先週フランスの主要金融機関に一〇〇億ユーロ融資し、これで信用が回復するとのふれこみだったが、結局そうはならなかった。しかもその資金の一部を銀行が中小企業に貸すことは禁じられている。だがこの危機の中で資金繰りの改善を必要としているのは、まさに中小企業である。

次に、こちらのほうがもっと重要だが、数千億ユーロというはなばなしい数字を掲げた資金供給戦略は、国民を長期にわたってしらけさせる恐れがある。財政が厳しいから節約をしよう、ちりも積もれば山となる、などと国民に言い続けておきながら、政府は銀行を救うためなら無制限に借金をする用意があるというのだ。

政府の説明で混乱を招いている第一の点は、所得と生産の一年間のフローと、資産のストックが混ぜこぜになっていることだ。だが言うまでもなく、後者のほうがはるかに大きい。たとえばフランスの国民所得（GDPから資本減耗を差し引いた数字）は、約一兆七〇〇〇億ユーロ（国民一人当たり三万ユーロ）である。これに対して国富のストックは、一二兆五〇〇〇億ユーロ（同二〇万ユーロ）に達する。おおざっぱに言うと、アメリカあるいはヨーロッパの数字は、これを六倍すると考えればよい。すると、所得は一〇兆ユーロ、富は七〇兆ユーロということになる。

第二の点は、所得も富も、その八〇％は家計が所有していることである。企業は、ほとんど何も所有していない。なぜなら、生み出した利益の相当部分を給与として家計に、配当として株主に分配するからだ。この点を踏まえれば、サブプライム危機が引き起こしたショックを理解できるだろう。サブプライム・ローン残高はおおよそ一兆ドル（一〇〇〇万のアメリカ世帯がそれぞれ一〇万ドルの借金を抱えている計算になる）と見込まれており、家計が保有する財産の総額と比較すれば、そこまで大きくはない。それでも金融システムを崩壊させるには十分だった。というのも、フランス最大の銀行BNPパリバでさえ、資産が一兆六九〇〇億ユーロ、負債が一兆六五〇〇億ユーロで、自己資本は四〇〇億ユーロしかないのである。破綻前のリーマン・ブラザーズも、いや世界中どの銀行も似たようなものだ。要するに銀行は脆弱な組織であって、資産が一兆ドル蒸発しただけで立ち行かなくなる。

この現実に直面したら、システミック・リスクを防ぐためにも、政府介入は当然と言えよう。ただし、いくつか条件を設ける必要はある。まず、納税者のお金を注入してもらう銀行の株主と経営陣は、自らの失敗の代償を払わねばならない。最近の救済では、これが必ずしも守られていない。次に、これ以上「有毒資産」を自由に市場に持ち込めないようにするために、厳格な規則を策定すべきである。生態系を攪乱しかねない生物の持ち込みを阻止するイメージで、厳重に取り締まるべきだ。そのためには、一〇兆ユーロ以上の資産がタックスヘイブン（租税回避地）で相当にいかがわしいやり方で運用されている現状を、野放しにしてはならない。最後に、金融業界の途方もない報酬を打ち止めにしなければならない。このような巨額の報酬は、過剰なリスクテークを促す要因となる。そのためには、所得税の累進性をきつくする必要がある。ところがフランスの政策は正反対で、富裕税に上限を設け、最富裕層を優遇している。このようなことをしていたら、次にはもっと深刻な社会的・政治的危機に襲われることになりかねない。

26 社会党の党首選に物申す

二〇〇八年一一月二五日

現在、社会党は分裂危機などと騒がれているが、鳴り物入りで行われた今回の党首選(*1)には、少なくともメリットが一つあった。同党の選挙規則がいかにばかげているかが、白日の下にさらされたことである。まず前哨戦(*2)を一一月六日に行い、次に党首を選ぶ本選を一一月二〇日と二一日に行う意味はどこにあるのか。それはなんと、前哨戦の結果を受けて派閥間で多数派工作を行い、候補者を絞り込むためなのである。根回しをして一人の候補者への同意を取り付け、次の週の本選を回避するのが社会党の慣例だった。党大会というより心理ゲームである。

こんな妙なやり方をする組織が、ほかにあるだろうか。党員に選挙権を与えた瞬間からすべては党員に委ねられるのがふつうであり、そのほうがずっといい。今回の党首選について言えば、本選の決選投票で、投票権を持つ社会党員一三万四七八四名がほぼ真っ二つに分かれた。マルティーヌ・オブリーが六万七四一三票（得票率五〇・〇二％）、セゴレーヌ・ロワイヤルが六万七三七一票（得票率四九・九八％）である。これは奇跡としか言えない。どの党員もどちらに投票するかが同様に確からしい（等確率）とすれば、このように僅差（五〇票未満）になる確率は三〇〇〇回に一回である。[*3]

もちろん、先週の金曜日に起きたのが、この三〇〇〇回に一回だった可能性は除外できない。だが、他の可能性も十二分に存在する。これまでのところしきりに取沙汰されているのは、一夜の間に派閥間で調整が行われた、というものである。反対陣営の票を読み、自陣営の調整をし、かつ票操作の疑いをもたれないようにできるだけ差を小さくするよう試みた結果だというのだ。週末のテレビ放送を見る限りでは、この仮説がもっともらしい。だがここでは敢えて、もうすこし親切な仮説を検討してみよう。それは、言うなれば「平均的な選挙人」仮説である。

民主主義においては、二人の候補者が完全に「日和見主義」であった場合、すなわち二人とも確たる主義主張はなく、ともかく当選しさえすればよいという場合、どちらも「平均的な選挙人」に照準を合わせて自分の公約や演説を調整する。すると得票率は拮抗し、五〇対五〇に近づくはずだ。別の言い方をすれば、オブリーもロワイヤルも同じような主張をし、党員受けを狙って左翼的な発言をし、票を失うことを恐れて曖昧な提案に終始した以上、接戦になるのは必然だったと言える。

実際にも、「党内左派」(オブリー陣営)と「中道派」(ロワイヤル陣営)の衝突と言われているものは、おおむね虚構である。社会党に真の闘士がいるなどとは、誰も本気で考えていないし、派閥間の討論が「政治的に成熟していない若手」に開かれているという幻想も抱いていない。現実には、どの党派も中道政党である民主運動(*4)と手を組むことによって数合わせをしている。

もし二人の候補者が党の将来方針について真っ向から対立する意見の持ち主だったとしたら、いかなる奇跡をもってしても、両者が五〇対五〇で票を分け合うことはまずあるまい。「平均的な選挙人」の原理は、言うまでもなく、候補者がどのようにしてしかるべき標的に照準を合わせるかを説明するものではない。だが少なくとも、なぜ結果がこのように僅差になるのかの説明にはなる。そして僅差になるとわかっていたら、ちょっとした操作をしたくなろうというものだ。

この説明がいくらかなりとも正しいとすれば、解決策として、十分に時間をかけて民主的な真の討論を行う、候補者に将来の方針を公の場で明確にすることを義務づける、などが考えられる。これらはそもそも始めからやるべきことだ。このような討論の結果がどうなるかは、事前には誰にもわからない。オブリー陣営にとっては、左派の結束を訴え、経済・社会運営の能力を誇示し、対立候補の経験不足を指摘するチャンスである。ロワイヤル陣営は、環境保護、年金、金融危機、税制に関して具体的な提案をするチャンスとなろう。

こうすれば、党員は十分な情報を得たうえで投票に臨める。おそらく票は割れるだろう。さらに、六〇〇〇万のフランス人が、社会党の党首候補はどのような考え方の持ち主なのかを知るよい機会にもなるはずだ。これは、たいへん好ましいことである。社会党は、あくまで民主主義を貫く党であるべきだ。

＊1：党首は、社会党の場合は第一書記。三年ごとの全国大会後に党員投票で選出される。原則として六カ月以上党に在籍している党費納入党員に選挙権が与えられる。党首立候補の要件は、連続三年以上の在籍。

＊2：前哨戦では、党内の各派閥が今後三年間の運動方針案を掲げて党員投票にかける。二〇〇八年の場合、六案が提出された中ではセゴレーヌ・ロワイヤルが最大得票を得たものの、候補者の調整

がつかず、結局三人が党首選に立候補することになった。本選の第一回投票では過半数を得た候補者がいなかったため、翌日上位二人で決選投票が行われた。

＊３：ロワイヤル陣営は投票結果を不服として異議を申し立てたが、再点検の結果、「問題なし」という結論になった。

＊４：フランス民主連合（ＵＤＦ）の党首だったフランソワ・バイルが二〇〇七年に結成した中道派の政党。略称はMoDem。

27 付加価値税を下げるべきか？

二〇〇八年一二月二三日

このほどイギリスが発表した景気浮揚策をフランスとドイツが口をきわめて非難しているが、これについてどう考えるべきだろうか。まず言っておきたいのは、ヨーロッパはこれ以上ひどくなれないほど最悪の状態だということである。だからと言って、ゴードン・ブラウン首相が決定した付加価値税（VAT）の減税（一七・五％から一五％へ）が景気後退を防ぐ奇跡の一手だと主張するつもりはないが、しかしどの国にもそれぞれ固有の事情がある。そして、今回のグローバル危機で金融業界が壊滅的打撃を被ったイギリスが、とりわけ苦境に陥っていることはまちがいない。ブラウンの減税案がフランスとドイツの双方からただちに猛攻撃されたのは、少々気の毒ではある。まして、減税反対の根拠として持ち出された理由がひどく不合理で、経済学的にも納得しがたいのだから、なおさらだ。

減税批判の第一の根拠とされたのは、価格に完全には反映されない、ということである。だが、VATの減税分を価格に完全に反映しなければならない、という決まりはどこにもない。経済学的には、さまざまな部門における財の需要と供給の弾力性に応じて、減税分を企業と消費者で分け合うのは完全に理に適っている。生産能力が過剰の部門では、競争により価格は大幅に下落し、それによって需要が上向くだろう。逆に生産能力の増強が必要な部門にとっては、VATが下がれば設備投資に回すゆとりが生まれるので、減税はすこぶるありがたい。このようにVATの引き下げは、税の帰着の原則に従い、需要の回復と設備投資の拡大を同時に生み出すことができる。イギリスの方針を「愚劣なケインズ政策」とこきおろす前に、ドイツの財務相は経済学の教科書をきちんと読み直すべきだろう。

減税に反対する第二の根拠は、輸入に有利になる、というものである。たしかに、この手の減税が協調的に行われることは望ましい。こうした観点から、ブリュッセルのシンクタンク「ブリューゲル」は、ヨーロッパのすべての国でVATを少なくとも一%、一斉に引き下げてはどうかという興味深い提案をしている。それはともかく、この問題に関する議論を輸入と結びつけるのはナンセンスだ。フランスが二〇〇七年に輸入した消費財（靴下から家電、コンピュータにいたるまで）は七〇〇億ユーロで、個人が消費した財の合計およそ一兆ユーロの七％にすぎない。輸入高（うち七〇％はEU域内）そのものはGDPの二五％に達するが、先週フィリップ・マルタンが指摘したように、輸入の内訳を見ると、消費財より投資財と中間投入財のほうがはるかに大きい。それに何と言ってもGDPの七五％は、フランスで生産された財とサービスおよびフランスで消費（または投資）された財とサービスで占められているのである。付加価値税のように課税ベースの広い税の議論をするときに、輸入への影響をことさらに云々するのは、議論の矮小化と言わざるを得ない。

輸入関税を引き上げればフランス国民がより幸福になると本気で信じているなら、堂々とそう主張すればよいのであって、税に関する真剣な政治論議の冒瀆はやめてもらいたい。アメリカの経済学者ポール・クルーグマンが指摘したように、輸入と競争力にまつわるこうした強迫観念は、右か左かを問わず、経済の見方を歪めてしまうことになる。

VATの引き下げには効果がただちに現れるというメリットもあり、この点からもブラウン案への一方的な非難は嘆かわしい。これに対して公共投資が実現までに何年もかかることは、大学改革を謳った「キャンパス計画」ですでに実証済みである。また、透明性が確保されるというメリットもある。ＶＡＴを引き下げるということは、現金を経済に投入することにほかならない。ここが、現在行われているさまざまな小手先の政策や口先戦略と大きくちがう点である。敢えて予言めいたものを言うなら、ＶＡＴ減税による景気刺激策は、今年中にフランスでも検討されるようになるだろう。

28 オバマはルーズベルトになれるか？

二〇〇九年一月二〇日

オバマはルーズベルトになれるか――これはついやってみたくなる比喩だが、おそらくまちがっているだろう。その理由はいくつもある。まず、時期がちがいすぎる。フランクリン・ルーズベルトが大統領に選ばれた一九三三年三月には、アメリカ経済は絶望的な状態だった。GDPは一九二九年から二〇％以上落ち込み、失業率は二五％に達する。他国も似たり寄ったりである。おまけに前任者は無能なハーバート・フーバー大統領で、三年にわたり「清算主義的」な政策をとり続け、「悪い」銀行が次々に倒産するにまかせた。しかも教条主義に凝り固まって国内状況を無視し、一九三一年までアメリカは財政黒字だったにもかかわらず、公共投資をいっこうに増やそうとしなかった。

アメリカの有権者は心底から政権交代を望んでおり、ルーズベルトを救世主のように待ちこがれたのである。こんな状況だったので、ルーズベルトはどんなに大胆な政策も実行することができた。自分たちだけが大もうけをして国を破滅の瀬戸際にまで追いやった金融部門のエリートたちに罰を下すと同時に、連邦政府による巨額の公共事業の資金手当をするために、所得税と相続税の最高税率は数年間で八〇〜九〇％に引き上げられ、その水準が五〇年近く維持された。

バラク・オバマは危機発生からほんの数カ月で大統領に就任したわけだが、彼が直面した状況はまったく異なる。政治的なタイミングとしても有利ではなかった。景気は後退局面に入ったとは言っても、一九三〇年代の阿鼻叫喚にはほど遠かったから、大胆な政策を講じる余地は限られていた。不況が深刻化すれば政権担当者は責任を問われかねないが、どん底で政権を引き継いだルーズベルトの場合には、それはあり得なかった。ルーズベルトほど強固な立場でなかったオバマは、高所得層に対する増税を慎重に進めなければならず、ブッシュ減税を段階的に打ち消す策を採用せざるを得なかった。最高所得層に適用される税率は、二〇一〇年末にようやく三五％から三九・六％に引き上げられ、キャピタルゲイン課税も一五％から二〇％になっただけである。

はやくもオバマの支持者たちは、公共投資や景気浮揚策が不十分なうえ、減税は中流層を優遇しすぎで（これは共和党に受けのよい政策である）、政府支出に大胆さが欠けると批判している。ポール・クルーグマンは数日前のニューヨーク・タイムズ紙に、われわれを待ち構えるのは「超党派主義による不況だ」と書いた。

オバマの名誉のために書き添えれば、現在とルーズベルトが直面した状況の間にはもう一つ根本的なちがいがある。一九二九年の大暴落の後では、国の介入範囲を拡大するのは今日よりはるかに容易だったことだ。というのも、当時は連邦政府の影が薄く、ほとんど存在していないも同然だったからである。一九三〇年代初めの時点では、連邦政府の支出はGDP比四％にすぎなかった。ルーズベルトによる公共事業の拡大で一九三四〜三五年に一〇％を突破し、戦時中は四五％に達し、戦後は一八〜二〇％で安定して今日にいたっている。

連邦政府の存在感がこれほど強まったのは、一九三〇年代に行われた公共投資とインフラ整備の影響によるものだ。中でも、賦課方式による公的年金制度と失業保険制度の導入が大きい。これに対して、今日オバマが取り組む問題はもっとずっと複雑である。ヨーロッパもそうだが、アメリカでも国の大盤振る舞いはすでに実施済みで、むしろ現在は、野放図に公共事業を拡大するのではなく、整理すべき時期に来ている。だからオバマは、危機を克服し未来の準備をするために、新たな公共投資（エネルギー、環境関連）や社会保障支出（医療保険など）が必要だと国民を説得しなければならない。この二つは、貧弱な福祉国家アメリカの貧しい父と母と言えようか。オバマのために、そして世界のために、一九三〇年代の大恐慌が再来せずとも彼がやり遂げることを切に願う。

29 大学の自律を巡る欺瞞

二〇〇九年二月一七日

大学の自律性を確立すると言ったら、ふつうは魅力的な構想のはずだが、なぜこれほどの反発を招いているのだろうか。大学のガバナンスは、右か左かを問わずあらゆる大学教授、若手教育研究者、各種機関の研究員が「優先課題中の優先課題」と考える問題だ。その問題について、ニコラ・サルコジ大統領とヴァレリー・ペクレス高等教育・研究相が万人を敵に回すとは、いったい何をしでかしたのか。一言で言えば、これはイデオロギーと無能と思いつきの結果である。

このような大規模な改革に臨むに当たり、人材や予算を減らすとか、増やさないというのでは、話にならない。口約束とは裏腹に、予算文書をいくらひっくり返しても、大学、学校、研究センターの予算や人員を増やすとはどこにも書いていない。唯一大幅に強化されたのは、企業の研究開発費に対する税額控除だけである（社内の研究開発支出に応じて法人税を控除する）。そのメリットについては大いに議論の余地があるが、ともかくも高等教育・研究とは何の関係もない。いや、そうではないとサルコジは主張するが、そのような態度は大学をバカにしているとしか思えない。大学は数ぐらい数えられるのだから、いっこうにポストが増えないことや、研究室に割り当てられる予算が減っていることは、ちゃんと知っている。その点に目をつぶって自律と責任の文化を育てるなどと力説するのは、あまりにあつかましい。

政策が不適切で高等教育予算が乏しいままなのは、きちんと現状分析をしていない証拠である。フランスの大学は深刻な予算不足に悩まされており、他国との格差は開く一方だ。自律性というものは、しかるべきリソースが与えられ、そのリソースが将来的に保証されていなければ成り立たない。貧乏の中の自由はあり得ない。

固定資産の問題は、その端的な例である。大学に土地や建物の所有権を全面的に委譲するというのは、それとしてたいへんよい考えである。教育相が大学に代わって判断するというやり方はうまく機能しておらず、この過度の中央集権によって、毎年信じがたいほどの決定の遅れと的外れの計画が大学を悩ませていたからだ。しかし、建物の保守修繕費用を国が一銭も出さないというのでは、どんな大学も所有者になりたいとは言うまい。所有権を委譲するからには、その後の保守や設備投資の財源をちゃんとつけなければならない。それはかなりの額、おそらく数百億ユーロに上るだろう。大学の自律は、ただでは実現しないのである。世界中を見渡しても、十分な寄付なしに自主運営のできる大学など存在しない。そしてフランスの現状から考えると、メセナが発達するまでにはあと何十年もかかるだろう。したがって、それまでは国が呼び水となって各大学に相当額の「寄付」をしなければならない。

ところが政府の「キャンパス計画」なるものは、正反対のことをしている。予算を出し惜しみする一方で、大学のハードに関してもソフトに関してもうるさく口を出し、お金のかかることは次の政権に先送りしようというのだ。国庫が空っぽなのをどうやら忘れているらしい。そのうえ、二〇〇七年夏には急ごしらえの「大学の自由と責任に関する法律」（通称ペクレス法[*1]）を成立させた。大学の裁量権を拡大するというが、この法律の目玉は大学運営評議会の人数を六〇人から三〇人に減らす、ということにすぎない。これで大学のよきガバナンスが実現するとはとても思えない。

この法律の施行は二〇〇九年から始まったが、いまや教員や研究者は学長の権限をすこしも信用できなくなっている。昇進や異動について、とくにそう言える。むしろ改革前のほうがましだったと言う人もいるほどだ。ガバナンスに対する信頼というものは、長い時間をかけて育てていくほかない。そのためにも十分な予算を得て自主運営のプロジェクトを進めていくことが好ましく、乏しい予算の取り合いをするのはまことに好ましくない。大学のガバナンスにおける学長と運営評議会の関係も、慎重に醸成していく必要がある。

世界では、大学の学長は何よりもまず経営者である。彼らは必ずしも大学人でなくてよい。いずれにせよ、学長は外部メンバーを加えた評議会で選任され、評議会に対して経営結果を報告する。評議会は、特別な例外を除き、教育や研究に関することには干渉しない。これらについては、各分野の専門家が計画を立てる。そしてここが重要だが、いかなる時点でも、このデリケートな経営と教育・研究のバランスに政府が介入することはない。

せめて現政権が、「自由」や「権力分散」や「自律」という概念そのものを殺さないように、祈るとしよう。かつてフランスで自由ラジオ放送[*2]を始めた人々のように、真に自由で自律した大学を作ることは、やはり左派に期待せねばなるまい。

＊1：フランスの大学は基本的に国立機関であり、中央集権と強い政府統制下に置かれている。サルコジ政権下で制定されたこの法律は、大学の裁量権拡大を図るもので、運営評議会の権限拡大および規模縮小、学長権限、予算・人事に関する大学の裁量権の拡大などが盛り込まれている。一部の大学で抗議運動が起きたが、二〇〇九年から適用が始まった。しかし二〇一二年の政権交代により、抜本的見直しが行われている。

＊2：当局の認可を得ていない、いわゆる海賊放送。公共放送が中心だったヨーロッパで、一九六〇年代頃から自由ラジオ運動が起こり、平和運動、エコロジー運動など政治論争の場として市民の支持を得た。八〇年代に合法化されている。

30 利益、給与、不平等

二〇〇九年三月一七日

現在のように深刻な危機に見舞われているときに、無用の喧嘩で時間を空費するのはじつにもったいないことである。付加価値の分配を巡る議論はその一つだ。「付加価値は、利益と給与に安定的な比率で分配されている」と指摘しようものなら、「それは、フランスで所得の不平等が深刻化していないという意味なのか」と憤慨する連中が左派の一部に存在するのだ。しかし、分配の安定と不平等の進行は、別の問題である。適切な再分配政策をとるためには、この点をよく理解しておかねばならない。

とは言え、この議論で重要なのは、言うまでもなく不平等のほうである。だから、ここではっきりさせておこう。フランスでは、ここ一〇年間で不平等が爆発的に進行している。カミーユ・ランデの研究は、このことを疑いの余地なくあきらかにした。一九九八～二〇〇五年に、フランスの最富裕層の購買力は、数十%の飛躍的な伸びを示している（上位一％の最富裕層で二〇％の伸び、上位〇・〇一％では四〇％）。一方、フランス人の九〇％については、購買力は四％しか伸びていない。この傾向は二〇〇五〜〇八年も続いており、したがって強化されている。これは従来見られなかった新しい現象であり、一九八〇年代以降のアメリカに見られる傾向に近い。その結果、国民所得の一五％近くが最富裕層に移転し、それ以外の層の購買力は伸び悩んでいる。この事実と、利益と給与の分配がマクロ経済的に安定しているという事実との関連性も、疑いの余地なく実証されている。

国立統計経済研究所（ＩＮＳＥＥ）のサイトで「国民経済計算」の項目にアクセスすれば、誰でも利益と給与の分配を確認することができる。二〇〇七年にフランスの企業が支払った給与総額（使用者負担分を含む）は、合計六二三〇億ユーロである。これに対して、粗利益（ここでは仕入高・給与差引後の利益）は二九九〇億ユーロだ。したがって、「付加価値」九二二〇億ユーロ（定義からして、給与総額＋粗利益に等しい）の分配は、給与が六七・六％、利益が三二・四％である。一九九七年には、給与総額が四〇四〇億ユーロ、粗利益が一九五〇億ユーロで、付加価値の分配は給与六七・四％、利益三二・六％である。一九八七年以降、この比率は安定しており、給与が六七〜六八%、利益が三二〜三三%で推移している。INSEEが計算まちがいをしているのでない限り、この点に疑いの余地はない。

では、給与と利益の比率が安定しているにもかかわらず、一九九〇年代末以降に不平等が拡大したのはなぜだろうか。第一の理由は、高水準に偏る方向で給与総額の構成が大きく変わったからである。中・低水準の給与の場合には、給与上昇の大部分がインフレに吸収されてしまうが、きわめて高水準の給与(年収二〇万ユーロ以上)を受け取る層では、購買力が大幅に増えている。

アメリカでもまったく同じ現象が起きている。経営幹部が取締役会を掌握し、生産性(そもそも生産性の客観的な評価はむずかしい)とは無関係に、途方もない報酬を自ら承認しているためだ。しかも度々行われる所得減税が、この傾向に拍車をかけている。金融部門では、このあつかましい高報酬が無謀なリスクテークという形で非常識な行動を助長した。これが今回の危機を招いたことは、火を見るより明らかである。

こうした傾向に歯止めをかける唯一確実な方法は、高所得に重税をかけることだ。アメリカとイギリスでは所得税率の引き上げが検討されており、フランスも、ニコラ・サルコジが優遇税制は失政だったと気づきさえすれば、追随することになろう。

不平等が拡大した第二の理由は、給与と利益の比率をみるときに、労働にかかる負担の増大（とくに社会保険料）も、資本にかかる負担の軽減（とくに法人税）も一切考慮していないからである。家計が実際に得ている収入に注目してみれば、資産所得（配当、利子、賃貸料）が右肩上がりで増える一方で、手取り給与は容赦なく下がり続け、不平等の進行に拍車をかけていることがわかる。

そのうえ企業は、株価バブルと含み益の拡大に気をよくして、二〇年前から気前よく配当を倍増させてきた。中には配分可能利益を上回って配当を出す企業さえある。これに対する答も、やはり税だ。労働所得に対する税と資産所得に対する税の均衡を取り戻さなければならない。たとえば、利益から医療保険や家族手当に拠出するといった方法が考えられる。ただしこの方法をとる場合には、国際協調が欠かせない。今回の危機を契機に、せめてこの方向への前進があることを期待したい。

31 アイルランドの悲劇

二〇〇九年四月一四日

フランスではほとんど注目されなかったが、アイルランド政府は四月七日に新たな財政緊縮計画を発表した。この計画は、主要二〇カ国（G20）の声明よりもはるかに雄弁に、同国の危機とその行方を物語っている。どういうことか、説明しよう。アイルランドは、不動産や金融への依存度の高い他の小国と同じく、危機的状況に陥っている。住宅市場と株式市場の両方でバブルが崩壊した結果、建設業と金融業が壊滅的打撃を被り、それが同国経済全体に波及した。GDPは二〇〇八年に三％落ち込み、政府が発表した最新の経済予測によると、二〇〇九年には八％減、二〇一〇年には三％減が見込まれている。回復に転じるのは二〇一一年になる見通しだ。税収が大幅に減る一方で、銀行救済と失業対策（失業率は年内に一五％に達しそうな勢いである）で支出は嵩《かさ》み、二〇〇九年にはGDP比一三％という途方もない財政赤字に転落すると予想される。この赤字は、同国の民間給与と公務員退職年金の合計に相当する。

アイルランド政府は、緊縮に次ぐ緊縮を発表している。二月には、退職年金を手当てする目的で公務員給与が七・五%カットされた。このひどく乱暴な措置は、絶望的な財政事情とデフレ懸念を理由に正当化されている（政府は二〇〇九年に四%の物価下落を見込んでいるが、消費者はまだそれを実感していない）。そして先週には、財務相のブライアン・レニハンが、財政赤字をGDP比一三%から一一%に引き下げるために、所得税の増税を中心とする新たな緊縮策を発表した。平均四%の引き上げで、最低賃金レベルでは二%（年間所得一万五〇〇〇ユーロに対して所得税三〇〇ユーロ）、最高所得層で九%の増税である。これを五月一日から実施するという。状況からして、緊縮策が今後も次々に打ち出されることはまちがいない。

ここで何より驚かされるのは、この危機の中でも、政府が法人税の維持に固執していることだ。同国の法人税は、一二・五%とべらぼうに低い。レニハンは、この税率を維持することを四月七日に改めて確認した。法人税率が低いからこそ、多国籍企業の本社や外国投資を呼び込むことができる。だから、一九九〇年代から同国の繁栄に寄与してきたこの戦略を撤回することは、問題外だという。国際資本を取り逃がしてすべてを失うリスクを冒すくらいなら、国民から重税を取り立てるほうがましだということらしい。アイルランドの有権者が次の選挙でどう反応するかは、予測しがたい。政府を拒絶するか、外国資本を拒絶するか、それとも両方か。だが一つ、たしかに言えることがある。おぞましい税引き合戦に呑み込まれたアイルランドは、単独では脱出できない、ということだ。

税のダンピングに基づく成長戦略は、多くの小国が採用しているが、必ず悲惨な結果につながる。アイルランドに続けとばかり多くの国が同じ道をたどっており、もはや抜けられない状況だ。いまではおおかたの東欧諸国が、法人税率を一〇％程度に設定している。二〇〇八年には、コンピュータ大手のデルがアイルランドの生産拠点を閉鎖してポーランドに移転すると発表し、アイルランドにパニックを引き起こした。

外国資本への過度の依存に伴う代償は、これだけではない。アイルランドのような国は、毎年GDPの約二〇％を利益や配当の形で、工場や本社の外国人所有者や株主に支払っている。このため、アイルランド国民が自由に使える国民総生産（GNP）は、国内総生産（GDP）より二〇％も少ない。さらに悩ましいのは、通貨同盟に加盟しているため、目の玉の飛び出るような国債金利を払わなければならないことだ。

アイルランドとギリシャの十年物国債の利率は五・七％で、ドイツ（三・一％）の二倍近い。同じ通貨を使う国が国債投機で破綻の淵に追いやられるのでは、通貨同盟は失敗と言わざるを得ない。

国際通貨基金（ＩＭＦ）は、ハンガリーでも緊急財政支援を行ったばかりであり、この種の危機の火消し手段を持ち合わせていることはまちがいない。だが、アイルランドの災厄の根本原因に取り組む政治的正統性を備えた国際機関は、ＥＵだけである。その手順は、おおむね次のようになろう。まずＥＵは、ユーロ圏内の財政安定化を保証し、必要なら小国に財政援助を行う。ただしその見返りとして、小国は税のダンピング政策を打ち切り、法人税の最低税率を三〇～四〇％とする。小国か大国かを問わず、通貨主権を手放した国は税の主権も手放すほかない。それ以外の解決策は、どれもまやかしにすぎないのである。財政責任を担う単一政府の裏付けのない通貨同盟は、平常時でも危ういが、危機になればリスクは一段と重大になる。

32 忘れられた不平等

二〇〇九年六月九日

付加価値の分配と所得格差に関するコティ報告には、とりたてて驚くべき内容はなかった。それでも、基本的な事実を改めて思い出させてくれるというメリットはあったことは認めよう。具体的には、付加価値の分配における給与と利益の比率がここ二〇年ほど一定しているという事実でもって、不平等が拡大している事実や最富裕層以外の購買力が伸び悩んでいる事実を隠すべきではないということである。

一九九〇年代から、高水準の給与は、給与の平均伸び率を大きく上回る伸びを記録している。これが続くようなら、この現象はきわめて好ましくない心理的影響をもたらし、マクロ経済にも波及しかねない。すでにアメリカではそうなっている。その一方で、中・低水準の給与の伸びはごくわずかにとどまり、それすら社会保険料などが増えた分で大半は吸収されてしまう。その結果、中・低水準の給与はここ二〇年ほど足踏み状態だ。対照的に、資産所得はハイペースで増え続けている。

国立統計経済研究所（ＩＮＳＥＥ）の資料でこのうえなく明確に裏づけられたこの事実には、政策立案にとって重要な意味がある。付加価値の分配を煙幕で隠そうなどとせずに、この事実を税制改革に活用すればよい。購買力が伸び悩んでいる層に対しては税を軽減し、大幅に伸びている層に対しては増税する、というふうに。これは要するに、現在の政策の正反対である。現政権は、所得や資産の多い層に対して繰り返し減税を実施してきた。所得減税、税の上限設定、配当課税および相続税の一部廃止、富裕税の引き下げ、といった具合である。その一方で総合的な税率は全体としてほとんど下がっていないのだから、富裕層向けの太っ腹な減税のしわ寄せは、結局は残りの層に押し付けられているのだ。ひそやかに、しかし確実に。

以上の点は明確に読み取れるが、ふしぎなことに報告書が言及していない点が一つある。ここ数年、企業が株主のご機嫌とりに熱心なあまり、利益から設備投資に回す比率が懸念すべき低下傾向を示していることだ。この事実が隠れてしまっているのは、報告書が粗利益だけを取り上げており、資本の減耗を考慮していないためだ。

生産資本財は、新規投資が行われるまで減耗し続ける。損耗した機械・設備は新しいものと交換しなければならず、コンピュータは定期的に買い替えなければならず、建物や設備には保守や修理が必要だ。経済の観点からも、課税の観点からも、取り上げるべきはこの分を差し引いた後の利益である。これを見積もるのはたしかにむずかしいが、INSEEが信頼できる資本減耗の推定値を発表しているので、これを活用してはどうか。少なくとも、黙殺するよりずっといいはずだ。

資本減耗を勘案すれば、利益分配の見方はがらりと変わる。コティ報告によれば、企業の付加価値の分配は、ここ二〇年ほど粗利益が三二～三三％、給与総額が六七～六八％で推移している。たしかに、これは正しい。だが資本財の減価償却は、つねに付加価値の一五～一六％を占めてきた。これはおおざっぱに言って、粗利益の半分に相当する。別の言い方をすれば、企業が粗利益の半分を気前よく設備投資に投じているようにみえる好意的な円グラフは、事実を表しているとは言いがたい。実際にはそこに示されているのは、企業が配当を出す前に損耗した機械・設備を交換しているという、しごく当然のことにすぎない。

減価償却後の利益でみたら、企業がその大半を配当などの形で株主に支払っていることがわかるはずだ。企業の純貯蓄、すなわち配当・償却・税引後利益が、付加価値の数パーセント以上に達したことは一度もない。企業部門が赤字だった時期に純投資をファイナンスしていたのは、つねに家計部門の純貯蓄だった。

このところ企業の純貯蓄が減っているのは、懸念すべき傾向である。二〇〇四年にマイナスに転じ、二〇〇四〜〇七年には付加価値のマイナス一〜一・五％となっている。これに対して一九九〇年代には、付加価値に占める利益の比率は今日と変わらないが、企業の純貯蓄はプラスで、付加価値の一・五〜二％に達していた。このように付加価値の三〜四％相当が設備投資を犠牲にして配当に回されたことは、重大である。要するに企業は、金庫の中の利益以上に株主に払い出したのだ。

ＩＮＳＥＥの資料を見る限り、このような事態は過去に例がない。唯一の例外は一九七〇年代終わりから八〇年代初めにかけてで、この時期には付加価値に占める利益の比率が異常に低かった。最新のデータを見ると、金融危機には純貯蓄の減少傾向を逆転させる効果がなかったことがわかる。フランス企業の純貯蓄は、二〇〇八年には付加価値のマイナス二％に達する見通しだ。こうした状況では、配分利益への課税を重くして、たとえば給与の社会保険料負担を軽減せよと言いたくもなる。

33 炭素税の謎

二〇〇九年七月七日

炭素税という新しい税金のことをすこしでも理解できている人は、環境問題にかなりくわしい人にちがいない。というのも、一般人にとっては、現在提出されている計画はじつに奇妙で、議会での討論を見てもとんと理解できないからだ。

もっとも、根本的な原則ははっきりしている。あらゆるエネルギー消費には、それぞれのCO_2排出量に応じて税金をかける、ということだ。これによって「二つの配当」が期待できる。一つは、エネルギーへの課税を強化することによって労働への課税を減らせること。もう一つは、これを通じて税制そのものを刷新できることである。

ところが、この原則を具体化したはずの税制法案は、いっこうに明快ではないし、革新的でもない。一見すると、これまで何度も行われてきたおなじみのガソリン増税とひどくよく似ている。なにしろ炭素税の二〇一〇年度の税収見通しはおおよそ九〇億ユーロだが、うち五〇億ユーロがガソリン増税によるのである。この増税で、石油製品消費税（ＴＩＰＰ）の減少分を補っている計算だ。原油価格の値上がりとそれに伴う消費量の落ち込みにより、石油製品消費税の税収は、二〇〇二〜〇三年に二五〇億ユーロだったのが、現在では二〇〇億ユーロまで減っている。この減った分を取り返そうというのは悪いアイデアではないが、ガソリン税引き上げではあまりに新味に乏しいではないか。それにフランスには、ずいぶん昔から、いわゆるグリーン税が存在していた。ユーロスタット（ＥＵ統計局）によれば、その税収はＧＤＰ比二・五％（その半分が石油製品消費税による）となっている。ちなみにスウェーデンは三％、ヨーロッパ全体の平均も三％である。

では、今回の炭素税法案は、何が新しいのか。

炭素税と従来のグリーン税との根本的なちがいは、炭素税は一貫して環境改善を目標としており、予算編成や政治的思惑とは無関係だという点にある。このことから、必然的に次の二つの結論が導かれる。第一に、あらゆるエネルギーに対して、環境汚染度に応じた系統的な税率で課税しなければならない。これまでのところ、フランスはガソリンに重い税をかける一方で、ガス、灯油、石炭の税率が低かった。

第二に、こちらのほうが重要だが、いったん枠組みが固まり、社会に定着したら、炭素税は今後数十年かけて、社会にとっての汚染コストの客観的な評価基準に従い、一定のペースで税収を増やしていくことになる。その評価基準となるのが、あの「CO_2一トン当たりの価格」だ。この架空の価格は、排出量削減に要するコスト（たとえば、CO_2一トン分を吸収できる木を植えるのに一〇〇ユーロ必要なら、あるいはCO_2排出削減技術の開発に一〇〇ユーロかかるなら、このコストは一〇〇ユーロということになる）および、排出に伴うコスト（長期的な気候変動予測とそれが人間の生活に与える影響に基づいて算出する）を考慮して算定される。

フランスでは、炭素価格に関するキネ報告が、CO_2一トン当たりの価格を二〇一〇年は三二ユーロ、二〇三〇年は一〇〇ユーロ、二〇五〇年は二〇〇ユーロにすることを提言している。これは要するにしかるべきペースで引き上げるということであって、数字はきわめて大雑把であり、言うまでもなく適宜見直して修正しなければならない。とは言えポイントは、将来の社会と政府が、目先の思惑や財源確保とは無関係に、炭素税を強化するということである。

多くの専門家は、既存のグリーン税を置き換えるのではなく、追加する形で炭素税を導入すべきだと述べている。現行水準の石油製品消費税では、自動車関連の他の公害（大気汚染、渋滞、騒音）の対策費としてぎりぎりで、温室効果ガス対策の財源にはならないからだ。あまりに専門的な議論は慎むべきだが、課税の根拠は国民にしっかり説明しなければならない。それをしないと、納税者は「二つの配当」どころか「二つの苦痛」だと受け取りかねない。

炭素税を巡る最近の議論の出発点がひどくおかしいのだから、なおのことである。なにしろ、大口排出源つまり企業が、最初から炭素税を免除されているのだ。こちらは、ＥＵ排出量取引制度の下で排出枠が課されるからだという。たしかにこの制度には立派な根拠があるように見える。だが、排出枠は現時点ではほぼ無料で割り当てられるうえ、制度稼働が二〇一三年と予定されていることを知ったら、国民が課税免除に納得するかどうかは大いに疑問だ。そのうえ二〇一〇年からの炭素税の導入を理由に、まさにこれらの企業が払ってきた事業税を廃止する案は、何の根拠もないのであって、納税者を愚弄するものと言うほかない。

34

ベタンクール事件がもたらした税の教訓

二〇〇九年九月八日

リリアンヌ・ベタンクールは長い間、フランスでいちばん金持ちの女性というだけの存在だった(*)。だが実の娘の絡んだ今回の大騒動で、リリアンヌはそれだけの存在ではなくなった。この訴訟は、かなり極端な形ではあるが、二一世紀における富とその移転に伴う厄介な問題を浮き彫りにしたと言えよう。

ざっとおさらいしておくと、現在八七歳のリリアンヌは、ロレアル・グループの創始者である父親から巨額の財産を相続しているが、最近になって、お友達の六一歳の写真家に数々の贈り物をした。その額は一〇億ユーロに上ると見込まれる――それでも、彼女の資産総額（一五〇億ユーロ）の一割にも満たないのだが。これを見た一人娘のフランソワーズ（五八歳）は、浪費を促したと件の写真家を非難し、「母の耄碌につけこんだ」として訴えたのである。リリアンヌ本人は、自分の頭は完全にしっかりしているとし、娘が裁判所を介してつけようとした後見人を拒否した。ちなみにリリアンヌもフランソワーズも、ＣＡＣ４０株価指数の花形であるロレアルの取締役会メンバーである。

ここでは誰彼の精神衛生状態を取沙汰するつもりは毛頭ない。とはいえ、これが「第三の人生」同士の確執だと指摘するのは許されるだろう。実際、フランスでは、富の所有に占める高齢者の比率がどんどん高まっている。これは、平均寿命が延びたためだけでなく、資本収益率が過去三〇年にわたり、産出と所得の伸びを大幅に上回った結果でもある。その恩恵に与《あずか》るのは、言うまでもなく資産の持ち主である。さらに重大なのは、この傾向が税によって助長されていることだ。労働への課税が重くなる一方の今日では、財産をいくらかでも増やすには働くしかない人々にとって、貯蓄に回すことがますます困難になっている。

これに対して資産には、移転（贈与、相続）、資産所得（配当、利子、賃貸料、キャピタルゲイン）の両面で、たびたび税の軽減措置が適用されてきた。たとえば二〇〇七年には、「労働者に手厚く」というスローガンとは裏腹に、相続税率が大幅に引き下げられている。じつに不公平な決定と言わざるを得ない。政府はムチを振るわないだけでなく、贈与に関してはアメの大盤振る舞いをしている。全体としてみると、二〇〇七年に導入されたこれらの措置は、富の所有において、高齢者の比重が増す傾向を一段と助長したと言ってよい。

ベタンクール事件は、相続の自由の問題にもスポットライトを当てる結果となった。金持ちが自分の財産を誰にやろうが自由なのか、そうではないのか。フランスでは、ナポレオン法典（フランス民法典）の枠組みで相続が制限されている。両親と不仲であろうと、また相続財産がいくらであろうと、子供には「法定遺留分」を受け取る権利がある。逆に言えば、親は「自由分」と呼ばれる部分しか自分の好きに処分することはできない。自由分は、子供が一人の場合には財産の五〇％、二人の場合は三三％、三人以上なら二五％である。たとえば一〇〇億ユーロの財産を築いた（あるいは相続した）場合、子供が一人いたら、その子に必ず五〇億ユーロは残さなければならない。三人なら、七五億ユーロ残さなければならない（三人で均等に分ける）。

リリアンヌは、ちゃんとこの決まりに従うつもりだった。だからフランソワーズは、何も母親の呆《ぼ》けを持ち出さなくとも、自分の取り分は確保できたわけである。同時にこのことは、フランスの資産家にはビル・ゲイツのような行動がとれないことを意味する。ゲイツが資産の大半を財団に寄贈したことは読者もよくご存知のとおりだ。しかもフランスの相続税は、自由分の枠内で移転された財産に対する税率がきわめて高い。これもまた、額の多少にかかわらず子供への移転を促す意図からである。

こうした縛りはすべて廃止して、アングロサクソン圏のように遺言で完全に自由に移転できるしくみにすべきだろうか。これに賛成する意見も少なくない。完全遺言制にしても、圧倒的多数のケースでは子供が均等に相続しているし、きわめて巨額の財産の場合には、フランスで不十分とされる慈善や文化振興への寄付が増えると期待できるからである。

一方、民法擁護派は、高齢の親が弱みに付け込まれて子供の相続権が奪われることのないように守る立場をとっている。「第二の人生」を超えて「第四の人生」を迎える人が増える現状では、ベタンクール事件のようなケースは今後ひんぱんに起きると見込まれることから、民法擁護派の主張はいよいよ強固になりそうだ。思うに、法定遺留分にはせめて上限を設けるべきではなかろうか。その上限金額を超えたら、親が我が子を不労所得生活者《ランティエ》にしてしまうことを法律で禁じても悪くはあるまい。

＊：フランスのビジネス誌Challengeが二〇一三年に発表したフランス長者番付によると、一位ベルナール・アルノー（LVMH）、二位リリアンヌ・ベタンクール（ロレアル相続人）、三位ジェラール・ミュリエ（オーシャン・グループ）、四位ベルトラン・ビュエッシュ（エルメス相続人）、五位セルジュ・ダッソー（ダッソー・グループ相続人）となっている。

35 GDP崇拝をやめよ

二〇〇九年一〇月六日

経済指標に関するスティグリッツ報告(*)は、とりたてて新しいアイデアが含まれていないうえ、ひどく曖昧な新指標を提唱したとして批判されている。しかし同報告は、新しさはないとしても具体的な提案が含まれており、検討する価値は十分にある。それは、国内総生産(Gross Domestic Product、GDP)を指標として使うのはやめて、国民純生産(Net National Product、NNP)を重視すべきだ、という提案である。

NNPは一般に国民所得と呼ばれるものとほぼ同じで、こちらはフランスでは一九五〇年まで広く使われていたし、アングロサクソン圏では今日も使われている。国民所得は、国立統計経済研究所(INSEE)が発表する国民経済計算から求めることが可能であるが、この指標は政府の公式文書でも公的議論でも重視されたことがない。これは、次の理由からたいへん残念なことである。国民所得は、一国の国民が実際に自由に使える所得の総額を計測する指標であり、経済活動の中心にある「人間」に注目した数字だと言える。一方GDPには、「栄光の三〇年」と呼ばれた経済成長期（一九四五～七五年）の生産至上主義が反映されている。

言い換えれば、GDPは、工業製品をどんどん買い込むことが人生の目的と化し、そのためには生産を増やせばよいと考えられていた時代の名残なのである。いまはもうそういう時代ではない。したがって、国民所得に回帰すべき時が来たと考えられる。

国内総生産と国民所得はどうちがうのだろうか。第一に、GDPは常に「グロス」である。すなわち、モノやサービスの生産の総合計であって、その生産に使われた資本の減耗を差し引いていない。具体的には、建物、機械・設備、コンピュータといったものが消耗していくことを考慮していない。ただしINSEEは、この資本減耗を、かなり低めの不完全な推定値ながら、見積もってはいる。二〇〇八年の場合、その額は二七〇〇億ユーロである。すると、この年のフランスのGDPは一兆九五〇〇億ユーロだから、国内純生産（Net Domestic Product、NDP）は一兆六八〇〇億ユーロになる。

この資本減耗を考慮すると、現在のフランスの企業部門は貯蓄がマイナスである。

つまり、実際に分配できる以上に株主に分配しているため、消耗した資本の代替ができない。

いくつかの国が、自然資本の減耗や生産過程で発生する環境汚染を経済指標に反映させる試みを始めている。この努力はぜひとも続けるべきだ。

国内総生産と国民所得の第二のちがいは、GDPは「国内」であることだ。すなわち、一国の中で生産されたモノやサービスだけを計測し、その最終目的地は考慮しないので、他国に送られる利益もGDPに含まれている。たとえば、企業や生産資本の大半を外国人株主が所有しているような国では、GDPは大きくても、国外に送られる利益を差し引いた国民所得はきわめて小さくなる。

二〇〇八年のフランスの場合、この修正を施してもさしたるちがいはない。INSEEとフランス銀行によると、フランスの居住者が金融投資を介して海外に保有する富は、非居住者がフランスに保有する富と、ほぼ等しかったためである。したがって、フランスの国民所得は、国内純生産（一兆六九〇〇億ユーロ）にほぼ等しい。

しかしそうでない国も少なくないし、それは必ずしも貧困国に限らない。アイルランドはその代表例と言えよう。同国は人口六二〇〇万人で、二〇〇八年の一人当たり

GDPは三万一〇〇〇ユーロを上回った。しかし、一人当たり国民所得は二万七〇〇〇ユーロにすぎない。この数字でさえ、フランス人が実際に受け取る平均的な所得を上回っている。だが、税金で賄われる教育や医療も受け取っているのだから、これは当然である。それでもともかく、国民所得のほうが両者の開きは小さい。このように、国民所得は統計と実感の溝をいくらかでも埋めることができる。

ただし政府は、国民所得の平均だけでなく、分布も公表すべきである。エマニュエル・サエズと共同で行った調査によると、アメリカの最富裕層一%が国民所得に占める比率は、一九七六年には九%未満だったのが、二〇〇七年には二四%近くに達した。じつに一五ポイントもの上昇である。別の数字を挙げると、一九七六～二〇〇七年の国民所得の増加分のうち、五八%が最富裕層一%に吸収された（この数字は、二〇〇七～〇九年では六五%に達する）。

国民所得という指標を使えば、こうした社会的な分析が可能になる。しかもこれは、この指標のメリットのほんの一例にすぎない。

＊：経済協力開発機構（OECD）が二〇〇八年にサルコジの提唱で設けた委員会。正式名称は「経

済パフォーマンスと社会進歩の測定に関する委員会」。経済パフォーマンスと社会的発展の指標としてのGDPの限界を認識し、より適切な姿を描くために必要な追加的情報の検討を行うことを目的とし、二〇〇九年九月に報告書を提出した。委員長のジョセフ・スティグリッツ以下、アマルティア・セン、ジャン＝ポール・フィトゥシらが参加している。

36

ばかげた税金はやめよ

二〇〇九年一一月三日

税金のバカさ加減を糾弾するのはたやすい。というのもどんな税金も、かけてほしい人間や活動は一つもないので、多かれ少なかればかげているからである。厄介なのは、あるばかげた税金の廃止が高らかに宣言された瞬間に、政策担当者がどうしても必要と考える支出（たとえば教育、医療、道路建設、年金等々）の財源を躍起になって探し始めることだ。この作業の末に新たな税金が考案される運びになると、前以上にばかげた税金を創出するという痛ましい結果になりやすい。事業税（ＴＰ）を巡る最近の議論は、その最たる例と言えよう。

簡単におさらいしておくと、事業税は現在、企業が使用する資本財（建物、機械・設備）の価値に課税される。一九九九年までは給与総額にも課税されていたが、当時経済相だったドミニク・ストロス＝カーンが、税のバランスを考えて給与課税を廃止した。一般的に言うと、すべての税は生産要素（資本または労働）か消費に基づく。資本に課される場合には、資本ストックまたは資本の生む収益（利益、配当、利子、賃貸料）が対象になる。事業税は前者の例であり、法人税は後者の例である。どちらにもメリット、デメリットがある。

ここで忘れてはならないのは、企業が払う税金というものは存在しないことだ。どんな税も、払うのは必ず個人である。残念ながら現世で税金を払えるのは、生身の人間しかいない。なるほど形の上では企業に納税義務があり、小切手を国税庁に送ることになっている。しかし最終的に払うのは個人だ――つまり、企業は払った分を必ず取り返す。従業員から（給与を減らす）、株主から（配当を減らす、株主資本を積み上げない）、消費者から（販売価格を引き上げる）、取り戻すのである。

この最終結果は、注意していないと見落としてしまう。だがどんな方法をとるにせよ、払った税金は、最後は生産要素か消費のどちらかに基づいて必ず取り返される。たとえば企業が支払給与総額に基づいて社会保険料を払ったら、その分は、結局は主に給与から差し引かれる。だから社会保険料がなければ、給与はもっと高かったはずである。

もう一つ例を挙げよう。企業は四半期ごとに、付加価値税（ＶＡＴ）を払う。この税は、売上高から仕入高を差し引いた差額（＝付加価値）に課される。しかしこの差額こそ、企業が労働の報酬（給与）、資本の報酬（利益）を払うために自由に使えるお金である。多くの人は、付加価値税はモノの値段に転嫁されると思っているようだが、それはちがう。あらゆる税金と同じように、付加価値税も一部は生産要素によって、一部は消費者によって払われるのである。両者の比率は、その産業部門の競争状況や価格交渉力によって異なる。

さて、事業税に戻ろう。今回の改革案によると、事業税は今後、資本だけではなく付加価値（給与および収益）にかかることになる(*)。資本課税は軽減される一方で、労働と消費への課税は一段と重くなり、一九九九年の改革に逆行する格好だ。これでは改革というより改悪であり、むしろ現在の課税ベースを維持するほうがましである。現行の事業税には、課税対象を限定しやすい、利益より変動が小さい、といった利点もある。ただし他の地方税と同じく、建物や機械・設備の価値が一九七〇年代の評価額のままになっているので、この点の見直しは必要である。

悲しいかな、税というゲームは、弱い者がまず勝てないようにできている。

＊：二〇一〇年一月に事業税は廃止され、これに代わる新税として「国土経済税（ＣＥＴ）」が創設された。ＣＥＴは企業不動産税と企業付加価値税から構成される。前者は従前の事業税の不動産部分を引き継ぐが、償却資産が対象外となる。すなわち、設備など固定資産への投資には課税されない。税率は従来同様に、各地方自治体が決定できる。後者は企業が生み出す付加価値が対象で、税率は全国一律である。この改革で、企業部門にとっては年間八〇億ユーロ前後の税負担の軽減になった。事業税は地方税収の三割を占める重要な財源だったため、地方自治体にとっては税収減となった。

37 危機で得をするのは誰か

二〇〇九年一二月一日

二〇〇七〜〇九年のグローバル金融危機は、富の分配にどのような影響をもたらすだろうか。大方の了解とは異なり、危機が不平等の持続的な解消につながる可能性は低い。株価や不動産価格の暴落は、たしかに直接的には資産保有者に打撃を与える。だが株や土地を持ち合わせていない人も雇用の縮小という打撃を受けるし、さらに景気後退となれば多大な影響を被る。

一般的に言うと、短期的には富裕層と中間層の不平等は縮小する（企業収益の減少、経営幹部の報酬の減少）と同時に、中間層と貧困層の不平等は拡大する（失業率の上昇）。では、中・長期的にはどうか。こちらは、もうすこし複雑だ。

一九二九年の大暴落の後には、先進国に不平等の歴史的な縮小期が訪れた。アメリカでは、最高所得層一〇%が国民所得に占める割合は、一九二八年に五〇%に達していたのに対し、一九三〇年代には四五%に、一九五〇〜六〇年には三五%まで減っている。これがもとの水準、すなわち史上最高の不平等を記録した一九二八年の水準に戻り、さらには多少上回るのは、二〇〇七年になってからのことだ。だが、今回の金融危機の後にも自動的にそうなると考えるべき理由は何もない。

われわれはトニー・アトキンソンと共同で、二三カ国の不平等が二〇世紀を通じてどう推移したかを調査した。その結果、金融危機は、それ自体としては不平等に持続的な影響を与えないことが確かめられた。不平等への影響は、危機に対してとられた政策に全面的に左右されるのである。

たとえばスウェーデンでは一九八〇年代から所得と富の集中化傾向が認められ、それに拍車がかかっていたが、一九九一〜九三年のスウェーデン金融危機はこの傾向に何ら変化をもたらさなかった。また、一九九七〜九八年のアジア金融危機の後には、最富裕層一〇%が国内の所得と富に占める割合が急拡大した。シンガポールとインドネシアでも、この現象が起きている。手元のデータは不完全ではあるが、おそらく最も可能性の高い説明はこうだろう。最富裕層は、よいタイミングでよい資産を買い増すので、金融市場の混乱の中から最もおいしい部分を手に入れる、ということだ。

財産が多くなればなるほど、リスク資産の占める割合が高くなる。すると、上げ相場のときの利益はより大きくなる。そして理論的には、下げ相場になったときの損もより大きくなるはずだ。しかし一〇〇万ユーロ（もちろん一〇〇〇万ユーロ、一億ユーロでも）を証券投資に回す人は、アドバイザーを雇うなど専門的な助言に金を出す余裕があるが、五万ユーロや一〇万ユーロ程度の投資家では、そうはいくまい。おおざっぱに言うと、スウェーデン金融危機ではこれが効いたようだ。そしてアジア金融危機では、その効果は一段と大きかったとみられる。このメカニズムが今回も働いている可能性は高い。

この問題に関して全体像がわかりにくいのは、おそらく現在の統計手法が、富の再分配という複雑な現象をリアルタイムで把握するのに適していないためだ。今日、危機の際にとられる政策対応で再分配が重要な課題になっている点を考えると、統計の問題は一段と重大である。

一九二九年には、各国政府は倒産が倒産を呼ぶにまかせたため、多くの資産が消滅した。今日の政府は、銀行や大企業を救済する。そのおかげで、たしかに大恐慌のような事態は防げる。しかし救った銀行や企業に勘定を払わせないと、政府の寛大さが多くの場合に逆の再分配を招くことになりかねない。一九二九年の後始末では、政府は国家を破綻の淵に追いやって肥え太った連中にツケを払わせた。法人税の大幅増税、所得と資産へのきつい累進課税、政府による規制の強化（厳格な金融規制、賃貸料の凍結、国有化等々）が次々に行われたのである。不平等の歴史的な縮小につながったのはこうした政策対応であって、金融危機それ自体ではない。

今回の危機は、テクニカルな点（ストックオプション、タックスヘイブンなど）では異なる問題を抱えているものの、根本的な部分は変わっていない。資本主義はきわめて不安定で不平等な性質を備えているため、放任すれば自ずと悲劇に向かう。だが政府がこのことを身にしみて理解するには、どうやらもう一度か二度の危機が必要らしい。

38

敵失狙い？

二〇〇九年一二月二九日

無策で選挙に勝つことは可能か――もちろんである。選挙の歴史をひもとくと、そうした例は枚挙にいとまがない。大衆を熱狂させる公約のおかげではなく、単に敵の失敗や対立候補に対する嫌悪感から勝利を収めた政党はいくらでもある。問題は、有権者がいずれその代償を払わねばならないことだ。

一九九七年の総選挙での社会党の勝利は、その最たる例と言えよう。週三五時間制や若年層の雇用促進を打ち出したのだから、社会党が無策だったとは言えないようにみえる。だがもはや時効だと思うのでばらしてしまうが、あれは予想外の議会解散を受けて、とりあえず左派を取りまとめるために数週間で拵え上げた公約だった。社会党を中心とする左翼連合が勝利したのは、敵失によるところが大きい。

そのツケは、二〇〇〇年に来た。選挙の目玉だった二つの公約を実現してしまうと、左派の寄り合い所帯は何もできなくなってしまう。内輪揉めのせいで、年金、税制、高等教育、労働市場といった重要課題についていっこうに意見がまとまらなかったためだ。かくして政権党が多少なりとも具体的な案を一つも提出できないという事態に立ち至り、世論にすっかり愛想を尽かされた。二〇〇二年と二〇〇七年の選挙で負けたのは、おそらくこのためだろう。要するに、やっつけ仕事の政策は、じわじわと効いてくる時限爆弾なのである。サルコジの「もっと働いて、もっと稼ごう」というスローガンにしても、週三五時間制が狙いどおりの成果を上げられなかったことによる(*)勝利と言っても失礼には当たるまい。週三五時間制は長い目で見ればよい改革だと思うが、いかんせん時期が悪かった。フランスにせよ他の富裕国にせよ、一九八〇年代初めから給与が横這いという状況では、労働時間の短縮は適切でなかったと言わねばならない。

翻って、海の向こうのアメリカはどうか。バラク・オバマがロビイストの要求を次々に受け入れて医療保険制度改革を骨抜きにするのは、選挙前にはっきりした考えを持っていなかったからだ、というのが大方の専門家の一致した見方である。つまるところオバマは魅力的な公約によって当選したわけではないので、いまになって無能力をさらけ出しているというわけだ。ヨーロッパはグローバルな影響を持つアメリカの大統領選挙に相応の関心を持っているし、アメリカの大統領を寛大に評価したいとも考えている。オバマは予備選挙のときに、ヒラリー・クリントンの大胆な改革案を批判したが、あのような保守色を示す必要はなかったのではないか。それがいまになって効いてきて、議会や医療産業に対して強面に出られずにいるように感じる。

そもそもオバマには、全面的な公的医療保険制度を提案するというリスクを冒し、有権者を仰天させ、歴史的な大勝利を台無しにする必要があったとはとても思えない。すでに民間の保険でカバーされている一億六〇〇〇万人のアメリカ人は、公的保険の必要を毫《ごう》も感じていないのである。したがってアメリカでは、公的保険の導入は段階的にしか進まないだろう。有権者というものは、自分にはとんと理解できない天才的な政策よりも、力強いリーダーシップや変動する世界に的確に対応する能力を求めていることを忘れてはならない。

政治には経済以上に客観的な法則が存在せず、よい妥協と悪い妥協の境界がはっきりしない。となれば、フランスの二〇一二年の大統領選挙はどうなるだろうか。左派にしてみれば、サルコジの人気凋落を当てにしたいところだろう。サルコジはすでに中道派と右派の大半に見限られており、いまや極右と票の取り合いになりそうな情勢である。とはいえ、サルコジ政権の転覆がいかに望ましかろうと、ブッシュ政権の打倒と比べられるような国際的な関心事ではないし、自ずと実現するわけでもない。間際になって候補者を推し立て、無計画・無方針のままでも、対立候補が嫌われているおかげで左派が勝利することは可能かもしれない。だが逆のシナリオも十分あり得る。だからやはり、無策はよろしくない。来年にはよい構想が出てくることを期待しよう。どうぞよいお年を。

＊：週三五時間制の導入には、高止まりする失業率への対策として、ワークシェアリングの狙いがあったとされる。しかし経営者は従業員を増やさずに労働時間を減らすケースが多かった。したがって社会全体で見ると、供給が減って経済は縮小し、期待とは逆の結果になった。右派は、これがフランスの競争力を削いだと批判した。

第3部

（二〇一〇～二〇一一年）

リリアンヌ・ベタンクールは税金を納めているのか？

39

憲法評議会と税

二〇一〇年一月二六日

法律の違憲性を判断する憲法評議会は、議会で可決された税改正を無効にできるのだろうか。炭素税に関する限り、イエスと答えたくなる。(*) 政府が準備した不出来な法案は、税の前の平等の原則にあからさまに違反するものだったからだ。なにしろ、汚染の元凶である大企業が、事実上課税を免れているのである。理由は、これらの企業はヨーロッパ全体の排出割当制度の対象になるからだという。だがこの排出枠は無料で割り当てられるうえ、いつになったら実際に払うのか誰にもわからない。じつに見え透いた言い訳である。

それでも、税論議への憲法評議会の介入にはやはり注意が必要だ。税の前の平等の原則はきわめて漠然とした概念であり、憲法評議会はいかようにも解釈できるため、論理性に欠ける裁定につながる恐れもないとは言えない。二〇〇〇年末にジョスパン政権は、一般社会税（ＣＳＧ）に関する重要な改革法案を議会で成立させた。一般社会税を事実上比例税ではなくして累進税にするという改革で、最低賃金の一・四倍までの低所得者は免除される。これによって低所得層の手取り給与は上がり、購買力が増える。さらに、将来的な一般社会税と所得税の統合も視野に入っていた。しかし憲法評議会は、これを違憲と判断したのである。低所得層を対象とした税控除が、世帯ではなく個人のみに適用されるという理由からだった。このような法律は認められないという。

だがこの判断は、現実に多くの税が世帯状況とは無関係に課税されているという事実を見落としている（付加価値税の軽減税率、低水準の給与を対象にした使用者負担の軽減措置など）。また、あちこちにばらまかれているニッチ優遇税制が個人の所得と資産に適用されることも、無視している。さらに例の富裕税の上限も、税の前の平等の原則の重大な違反にほかならない。憲法評議会はいったいどういう公平の原則から、こちらの税は合憲であちらの税は違憲と判断しているのだろうか。

二〇〇〇年の裁定により、一般社会税はいまだに比例税にとどまっている。その埋め合わせをするために、ジョスパン政権は勤労奨励手当（ＰＰＥ）を導入した。最近になってさらに積極的連帯所得手当（ＲＳＡ）が加わり、税の迷宮はいよいよ混迷を深めている。この責任は、憲法評議会の賢人たちにあると言わざるを得ない。

さらに極端なのが、パウル・キルヒホフである。キルヒホフは税法を専門とする法律学者にしてドイツ連邦憲法裁判所の元判事であり、当然ながら税にはうるさい。そのキルヒホフが、アンゲラ・メルケル（キリスト教民主同盟）の財務相候補に指名されていた二〇〇五年のドイツ総選挙で、フラットタックスを提案したのである。最富裕層まで含めて税率を一律二五％にするという。もちろん政治の世界では、誰がどんな意見を持とうと自由である（ちなみにこの案は、ドイツ国民にまったく不人気だった。その結果、大勝が予想されていたメルケルは社会民主党との連立政権を余儀なくされ、キルヒホフを閣僚から外した）。しかし注目してほしいのは、一九九五年にこの同じキルヒホフが連邦憲法裁判所の判事として、五〇％を超える（直接）課税はすべて違憲だという判断を下したことだ。つまり、国が取り立てる権利と個人が自分のものにする権利を半々とみなしたわけである。

アメリカが最富裕層に課した限界税率は、一九三二～八〇年に平均して八二％を超えていた。したがってキルヒホフの基準からすれば、アメリカはこの五〇年近くにわたって民主国家ではなかったことになる。キルヒホフの提案はドイツで大顰蹙《ひんしゅく》を買い、件《くだん》の違憲判断も一九九九年には（キルヒホフの退任後に）さっそく取り消された。そして二〇〇六年には、憲法裁判所は税率の数値制限には介入しないと明言している。どうやらサルコジは、このことを知らなかったらしい。

思うに今回の件の教訓は、こうだ。税の前の平等という法律の原則に照らせば、ほとんどどんなことでも言える。だから判事はごくごく控えめであるべきだ。もともときわめて脆弱な違憲判断の正当性を維持するためには、政党色や政治色の強すぎる人物の指名は、とくに慎重に避けなければならない。どうも国家の指導者にとっては、その誘惑が強いようなのだが。

＊：二〇〇九年一二月二九日、憲法評議会は、翌年一月一日から導入が予定されていた炭素税について、免税対象が多すぎて税の平等原則に反しているとして違憲との判断を下した。

40

銀行の巨利は政治問題である

二〇一〇年二月二三日

ご存知のとおり、ヨーロッパ最大の銀行BNPパリバが、二〇〇九年度に八〇億ユーロの利益を計上した。これまで最高だった二〇〇七年度を抜いて史上最高益だという。それがどうした、という読者もおられるかもしれない。銀行が倒産するより儲かっているほうがいいだろう、と。たしかに。

だが、この巨額の利益がどこから来たのかを探ってみても悪くはあるまい。ヨーロッパの上位一〇行の二〇〇九年度の利益を合計すると、五〇〇億ユーロ近くになる。ここにアメリカの上位一〇行を加えると、一〇〇〇億ユーロだ。欧米いずれも二〇〇九年は不況だったというのに、なぜこれほどの利益を上げられたのだろうか。理由ははっきりしている。金融危機の際に、中央銀行は超低金利で民間銀行に融資した。それを民間銀行はずっと高い金利で貸した、ということだ。貸した相手と言えば――個人、企業、そして国である。

かなりおおざっぱな計算をやってみるだけで、小さな金利の差がどれほど大きな利益につながるか、イメージを摑むことができる。二〇〇八年の九月から一二月にかけて、欧州中央銀行（ＥＣＢ）と連邦準備制度理事会（ＦＲＢ）は二兆ユーロ相当（ヨーロッパとアメリカのＧＤＰ合計の一〇％に当たる）の通貨を増発し、金利約一％、期間三～六カ月で民間銀行に貸し出した。この融資は、ほぼ全額が二〇〇九年を通じて延長されている。ＥＣＢとＦＲＢのバランスシートは大きく膨張し、二〇一〇年二月の時点でも、二〇〇九年初めのピーク時よりいくらか縮小した程度だ。

さてこの二兆ユーロが、平均五％の利益を民間銀行にもたらしたとしよう。銀行が誰かに金利五％で貸したか、あるいは金利五％で借りていたお金を返したか、それはどちらでも同じことである。すると、二兆ユーロがもたらす利益は、差し引きで八〇〇億ユーロ（二兆×四％）になる。なんとこれは、二〇〇九年度の利益合計の八〇％に相当するではないか。平均リターンをもうすこし低く見積もるとしても、利益のかなりの割合を占めることに変わりはない。

だからと言って、中央銀行が愚行を犯したとは言えまい。流動性を供給したおかげで連鎖的な破綻が避けられたことはまちがいないだろう。だからこそ、景気後退が恐慌につながらなかったとも言える。銀行救済に続いて、政府が災厄の再発を防ぐための厳格な金融規制を導入し、銀行に資本の積み増しを要求する（あるいは銀行税を取り立てる）限りにおいて、中央銀行の行為は適切だった。

だがこれらを怠るなら、一連の対応がじつに間尺に合わない結果を招いたと国民が結論しても、やむを得まい。銀行の利益と報酬は上向いているが、雇用と給与はいっこうに上がらない。政府債務を返済するために国民は倹約を強いられるが、その政府債務が嵩《かさ》んだのは、もとはと言えば銀行の愚行の尻拭いをするためだった。ところが当の銀行はまたぞろ市場を物色し、今度は国家の不利になるようなことをしでかしている。つまりアイルランドとギリシャの納税者に、六％近い国債金利を押し付けている。そしてギリシャの納税者が負担した三億ユーロは知らないうちにゴールドマンサックスの懐に流れ込み、決算書類の見映えをよくするために使われたのだ。

これはけっしてデマゴギーではない。単なる事実確認である。銀行に対する市民の敵意をやわらげるには、口先ではだめだ。オバマはそれをよくわきまえており、一月に厳格な銀行規制を打ち出した。だが彼の政治的立場は弱まっている。一方ヨーロッパでは、ＥＣＢは相も変わらず格付機関を信用して各種公債や社債を買い入れている。ＥＣＢの定款にはそれを義務づける条項など一切ないのだから、現在の状況で買い入れを続けなければならない理由は見当たらない。

今回の危機で、ＥＣＢはその存在価値をヨーロッパの人々に印象づけた。市場で野放図な国債投機が行われるのを放置すべきではない、と誰もが理解したことだろう。今後ＥＣＢは真の単一政府の政治的・経済的後ろ盾を得て、金融市場に自律的に対処できる機関となることが望まれる。

大西洋の向こうでは政府が一年前からなりふりかまわずドルを増刷し、ＦＲＢは市場の意見など斟酌せずに国債購入に三〇〇〇億ドルを投じた。ヨーロッパも、債務返済のためなら四、五％のインフレはやむなしと覚悟すべきである。さもないと、ヨーロッパの市民はもう一度ツケを払わなければならなくなる。しかし今度は払ってくれるかどうかわからない。

41

ギリシャ人は怠け者ではない

二〇一〇年三月二三日

生産する以上に消費しているギリシャ人は、怠け者だということになったらしい。おまけに彼らは、財政をごまかすような堕落した政府を選んでしまった。兄弟や隣人がのらくら毎日をすごし、稼ぐ以上に浪費していたら、そいつに金を貸してやるよりも働かせるほうがいいと思わないかね？　いい加減に遊び暮らすのをやめさせ、労働の美徳を教え込んでやるほうが身のためだろう？

家庭的な道徳観をふりかざし、怠け者と働き者、放蕩息子とよき父を対比させるこの手の比喩は、昔から耳にタコができるほど聞かされてきた。いつだって、金持ちは貧乏人に怠け者の汚名を着せたがる。ギリシャの太陽の下、新しきもの何もなし。

ただし昔とはちがって、この手の比喩が今日ではあっという間に広まってしまう。世の中の動きがわかりにくくなった今日では、人はとかく簡単でわかりやすいことに飛びつきやすい。メディアで繰り返される非難と悪評に業を煮やしたギリシャのパパンドレウ首相は、ベルリンを訪問した際に、「ドイツ人の遺伝子にナチズムがないように、ギリシャ人の遺伝子にも怠け癖はない」と宣言した。この発言は、EU首脳たちにはさしたる感銘を与えなかったようだが、これまでギリシャ危機に関心のなかった人々には強烈に響いたにちがいない。

家庭の道徳を持ち出すのは、個人のレベルでは適切だとしても、国家のレベルには当てはまらない。資本主義は、美徳とは無縁なのだ。理由は、簡単に言えば二つある。資本主義というものが、一つは最初に受け継いでいる遺産に、もう一つは資本収益率などの変動要因に、強く支配されることである。

まず、最初に受け継いでいる遺産を取り上げよう。ギリシャは、国の一部がつねに他国に所有されている国の一つである。ギリシャ以外の国がギリシャ国内で所有しているもの（企業、不動産、金融資産）は、ギリシャが他国に所有しているものよりも多く、この状態が数十年前から続いている。ギリシャが消費や貯蓄に回せる国民所得は、他国に払い込む利子と配当を差し引くと、国内総生産よりもつねに少なかった。このためギリシャ国民は、生産する以上に消費せずにいられる可能性はほとんどなかったのである。

　ギリシャの国内生産と国民所得の乖離は、危機直前の時点で、約五％だった（これは、今日ギリシャが要求されている財政緊縮目標の二倍に相当する）。この乖離は、外国投資に極端に依存する国（たとえばアイルランド）の場合には二〇％を超えることもあり、開発途上国ではもっと大きい。利子と配当の流出は過去の投資の結果にほかならない、だからギリシャの債務者とその子供が生産の一部を外国の債権者に払うのは当然だ、と反論する人がいるかもしれない。だがそれは、借家人の子供が大家の子供に家賃を払い続けるのは当然だ、と言っているのと同じことだ。

　次に、資本収益率である。今回の危機は、ギリシャの納税者が突如として六％以上の国債金利を払わなければならなくなったことに直接の原因がある。ギリシャのＧＤＰはおおよそ二〇〇〇億ユーロだ。世界の十大銀行は、一行で二兆ユーロ以上の資産を持っていることを思い出してほしい。市場では一握りの人間の思惑一つで、国債金利が三％から六％に跳ね上がり、その国に危機を引き起こす。

　このようなシステムは、あっという間に一国を奈落の底に突き落とすのであり、家庭の道徳を振りかざしている場合ではない。長期的な解決としては、政府による厳格な金融規制しかないだろう。そしてヨーロッパの場合には、財政運営に関して連邦制の導入を検討すべきだ。国際通貨基金（ＩＭＦ）に頼るのではなく、ユーロ共同債の実現が望ましい。そして最終的には、通貨同盟の抜本的な改革は避けられまい。

銀行を救うために、金融当局は窮地に陥った銀行に無利子または一％の低利で無制限に融資した。みごとな手腕だったと言えよう。だが、金利の高くなった公的債務を返済するために、今後しばらくは耐乏生活をしなければならない、とヨーロッパの納税者（ギリシャもドイツも含む）を納得させられるのか。そこははっきりしない。

42

年金制度は一度白紙に

二〇一〇年四月二〇日

年金方針評議会（ＣＯＲ）の示した見通しは、意図的に悲観的にしてあるのだろうか。そうではない。実際には、経営者団体など国民を不安に陥れたがっている一部の連中が、誤った解釈をしているのである。基本的には、評議会はすでに大方の人が知っていることを強調したにすぎない。二〇三〇年をめどに年金問題を解決するためには、保険料率を五ポイント引き上げるか、働く期間を五年延長するか、どちらかしかないということだ。二〇五〇年をめどにするなら、この数字を二倍にする。この見通しは、言うまでもなくきわめて不確実だが、評議会としては最大限に努力したと言うべきだろう。彼らが示した指針は、議論の出発点としておおむね有効だ。

現時点でフランス人は、毎月税込み給与の約二五％を年金保険料として納めている。この保険料率を二〇三〇年までに三〇％に引き上げるか、二〇五〇年までに三五％に引き上げれば、年金の財源不足は解消する。そうは言っても、この選択は苦痛を伴う。もともと乏しい購買力の伸びが、少なからず削られるからだ。今後二〇年にわたって購買力の伸びが年一％にとどまるとしたら、保険料の増加分でその四分の一を喰われてしまうことになる。つまり、この選択を避けたいと願う理由は十分にあるわけだ。

では、どうすればいいのか。

第一に悩ましいのは、選択肢が複数存在することである。たとえば、二〇三〇年から保険料率をすこしだけ引き上げ、残りは高齢者の雇用延長で埋め合わせるという手もある。高齢者全員が希望の仕事に就くチャンスがあるなら（そしてその数が年を追うごとに増えるなら）、働き続けてもいいと考える人が増えることだろう。とは言え雇用期間の延長を論じるに当たっては、もう働けない人がいることに配慮しなければならない。この点を踏まえると、法定退職年齢の引き上げは好ましくない。現政権は、保険料の引き上げは論外だとしているので、ここで話は行き詰まってしまう。

第二の問題点は、あまりに時期が悪いことだ。この景気後退の中で、給与からさらに保険料を搾り取るのは、下策と言わざるを得ない。二〇一〇～二〇年の年金不足の大半は、ベビーブーム世代が退職年齢にさしかかることに起因する。これは事前にわかっていたのだから、もっと早くに手当てしておけたはずだ。実際、そのための年金基金がジョスパン政権のときに創設されている。しかし、積み立てが始まったのは二〇〇二年からだった。

しかも二〇〇七年以降、政府の財政運営は無責任きわまりないことになっている。場当たり的なニッチ優遇税制や無用の支出（たとえば残業手当の課税減免措置などは、その最たるものである）に何十億ユーロもの無駄金を使い、基金には一銭も積み立てていない。まずは、これらの有害な措置を廃止することから始めるべきだ。ベビーブーム・ショックを緩和するために、社会党のオブリーが提案したような特別財源を用意することは、まことに理に適っている。だが、石油会社や銀行の利益に課税するだけでは、二〇三〇年あるいは二〇五〇年に年金収支の均衡を回復することはできないし、そもそもそのようなやり方は不健全だ。仕事と年金の連動性を維持するためには、従来どおり年金保険料が主な財源であることが望ましい。

ここから、第三の重大な問題点が出てくる。現行制度の枠組みでは、保険料率をどの程度引き上げるかとか、国がどの程度年金財源に拠出すべきかといった問題について、とうてい実のある議論ができないことだ。なぜか――あまりに制度が細分化し、複雑化して、誰一人として諸制度の関係をわかっていないからである。

したがってこの際、年金制度を一度白紙に戻す必要がある。筆者はアントワーヌ・ボジオと共同で、年金受給資格を持つ個人を基本とし、スウェーデンの制度を改良した独自の年金制度を考案した(*)。しかし、現行サービスを継続しながら既存制度を一本化し、過去の給与については、雇用年数に応じた代替的な保険料率を定める方法も考えられる。どちらを選んでも、公平性は保証される。国民全員が共通の受給資格を持つ制度（すでに医療保険、家族手当についてはそれが実現している。現時点で、多くの期間労働者が除外されている失業保険についても、除外規定をなくすべきだ）を提案するなら、左派は年金問題で再び主導権を握ることができ、短期的な財源確保と長期的な収支均衡の両方に目配りしていることを国民に示すことができよう。

＊：ピケティとアントワーヌ・ボジオは「新しい年金制度に向けて」と題する論文をこのほど発表した。

43

中央銀行の役割は

二〇一〇年六月一五日

中央銀行はわれわれを救えるのだろうか――全面的に救うという意味なら、答えはノーだ。だが、現在の危機に部分的な解決を与えることはできる。最初に簡単に復習しておくと、国家がお金を手に入れる方法はつねに二通りある。一つは税金を払ってもらうこと、もう一つは紙幣を刷ることである。一般的に言って、前者のほうがはるかに好ましい。通貨を増発すれば、インフレというしっぺ返しが待ち受けており、その破壊的な影響をコントロールするのはむずかしい（所得が物価に連動しない人が、より多くの代償を払わされることになる）。また極端なインフレは、貿易や生産を混乱させる。

一九七〇年代にはインフレ率が年一〇～一五％に達し、景気の低迷と失業率の上昇を引き起こした。この「スタグフレーション」の悲惨な体験から、政府も世論も中央銀行は政府から「独立」していなければならないと考えるようになる。すなわち中央銀行は、政府が何と言おうとも、インフレ率を低水準（一％または二％）に誘導することを目標として、マネーサプライをゆるやかに、かつ一定のペースで増やすにとどめることのみを任務とすべきだ、という考え方である。もっとも独立と言っても、中央銀行を民営化すべきだとまで言い出した人はいない（とは言え一九四六年までは、フランス銀行を所有していたのは民間の株主だった）。ヨーロッパでもアメリカでも中央銀行は完全に国のものであり、国が定款を定め、総裁を指名し、利益があれば懐に入れる。要するに国は中央銀行に、低いインフレ目標値に誘導・維持することだけを任務として割り当てたのである。中央銀行が国や民間に大量に貸し付ける時代は完全に終わったとみなされ、実体経済の活動には中央銀行は介入すべきではないと考えられた。

しかし二〇〇七〜〇九年のグローバル金融危機は、中央銀行の役割をこのように消極的なものに限定する考え方を打ち砕いた。リーマン・ショックを受けて、世界の二大中央銀行すなわち米連邦準備制度理事会（ＦＲＢ）と欧州中央銀行（ＥＣＢ）のバランスシートは、二〇〇八年の九月から一二月にかけて二倍に膨らんだ。ＦＲＢとＥ

CBが供給した資金の総額は、アメリカとヨーロッパのGDP合計に対して、一〇%から二〇%へと増えている。破綻の連鎖を食い止めるために、ほんの数カ月のうちに二兆ユーロ近い流動性が供給されたのである。資金は無利子で民間銀行に貸し出され、期間も長期化する傾向にある。

これほど大規模な流動性の供給が、なぜインフレを押し上げずに済んでいるのだろうか。答はおそらく、グローバル経済がデフレによる景気後退の寸前だったからである。中央銀行は、極端な信用収縮、物価の急落、経済活動の停滞を何とか防いだ。そして世界に、他の機関では肩代わりできない中央銀行の役割を印象づけた。付け加えておくと、中央銀行の介入の代償は誰も払っていない。消費者も、納税者も、である。

たしかに誰も払ってはいない――が、政府には赤字が積み上がっており、これを解消しなければならない。銀行に貸したから赤字になったわけではない（そもそもその額はさほど大きくない。中央銀行による資金供給のほうがはるかに多い）。景気後退により税収が激減したために、赤字になったのである。この重荷を軽くするために、FRBは、そしていまやECBも、国債の買い入れを始めた。つまり国に直接お金を貸している。

しかしこの評判のよろしくない国債購入は、あまりにペースがのろい。数十年にわたって政府が悪者にされてきたため、大方の人は、銀行を救うための通貨増発のほうが、政府を救うためよりましだと考えている。だがどちらの場合もインフレリスクは同程度に小さいし、十分に制御可能と考えられる。ECBは、インフレ率が五％を超えたら国債金利を見直すという条件で、景気後退期に発行された国債を低金利で引き受けることが可能なはずだ。だからと言って、財政規律の回復に向けた努力が不要というわけではない。また通貨同盟加盟国はユーロ共同債の創設に向けて団結し、どの国も低金利の恩恵に与《あずか》れるようにしなければならない。

そうは言ってもすべての国が極端な緊縮財政に走ったら、悲惨な事態になりかねない。金融危機は資本主義につきものであり、大規模な危機に見舞われたときには中央銀行が最後の貸し手として唯一無二の役割を果たすことになる。中央銀行が持つ無制限に通貨を創造する能力は、言うまでもなく厳格に制限しなければならない。だが現在のような状況でこの能力を封印してしまうのは不合理だし、自殺行為でもある。

44 リリアンヌ・ベタンクールは税金を納めているのか？

二〇一〇年七月一三日

ベタンクール事件(*1)は、金と権力の癒着というお決まりの不祥事にとどまらず、現代社会が直面する根深い問題の一部を白日の下にさらしたと言える。それは、資産家が高齢化すると同時に、相続財産がますます重みを増していることである。この傾向はずいぶん前から続いており、実力主義社会という理想に暗い影を落としている。ベタンクール事件にはまた、フランスの税制の不公平性をあからさまにする効果もあった。

人権宣言第一条には、「社会的差別は、公共の利益に基づくものでない限り、設けられない」と謳われている。(*2)八〇代のリリアンヌと一人娘で五〇代のフランソワーズが世界最大の化粧品会社ロレアルの支配株主で、取締役会のメンバーでもあることは、フランス経済にとっても社会にとっても、何の利益にもならない。彼女たちは実業家ではない。遺産相続者であり、不労所得生活者《ランティエ》であって、ただ見苦しく争っているだけだ。公共の利益を旨とする合理的な税制、すなわち公平で効率的な税制であれば、こうした手合いからたっぷり取り立てなければならないはずだ。少なくとも彼女たちが徐々に株を手放さざるを得なくなり、億万長者ではないがもっと活発な投資家の手に株が渡るようになる程度には、税を課す必要がある。

だが現実はまるで逆だ。リリアンヌは、「所得と資産に対して一〇年間で三億九七〇〇万ユーロもの税金を払った」と公言している。当人は気づいていないようだが、この発言からすると、彼女に適用された税率がロレアルの社員より低いこと、つまり食べていくために働くしかない人々よりもかなり低いことはあきらかだ。さまざまな雑誌の報道からすると、リリアンヌの資産は一五〇億ユーロと推定される。すると一〇年間で払った税金は、資産に対して二・五%、つまり年率では〇・二五%ということになる。ここで、彼女の資産の運用益は年四%だと仮定しよう。これは、けっして途方もない数字ではない。すると、過去一〇年間にリリアンヌに課された税率は、年間所得に対しては六%強にすぎないことがわかる（四%×六%＝〇・二四%）。

なぜこれで、リリアンヌは富裕税の上限の適用を受けることができるのだろうか。

上限の適用に使われる課税所得の概念が、実際の所得とは関係がないという単純な理由からである。無能な現政権がイデオロギー的な理由から導入した税の上限は、不労所得生活者への事実上の助成金になっているのだ。

リリアンヌが富裕税の課税対象として一五〇億ユーロの資産を申告したとしよう。すると原則として、富裕税の名目で年一・八%、額にして二億七〇〇〇万ユーロを払わなければならない。さらに、資産が年四%のリターンを生むとしたら、年六億ユーロの所得があることになる。だがそれほどの大金が毎年必要なわけではあるまい。使用人の給料などを払うには、配当収入から一〇〇〇万ユーロほどを資産管理会社のクリメールから手元現金として払い込んでもらえば十分だろう（残りのお金は、クリメールで人知れず積み上げられていく）。

するとこの場合、国税庁は、リリアンヌの課税所得は（六億ユーロではなく）一〇〇〇万ユーロだとみなす。そこで、所得税四〇%すなわち四〇〇万ユーロを払うことになる。合計で二億七四〇〇万ユーロである。この税額は、課税所得一〇〇〇万ユーロの半分よりもあきらかに多い。これは不公平だ！と現政権は金切り声で叫ぶ。リリアンヌはひたすら国税庁に貢ぐために一年間の半分以上を働いていることになるじゃないか……。というわけでリリアンヌには上限が適用され、二億六九〇〇万ユーロが免除されることになる。つまり富裕税をほとんど払わなくてよい。

こうした次第で、リリアンヌは、いやリリアンヌだけでなくフランス中の大金持ちは、完全に合法的に、六億ユーロの所得に対して五〇〇万ユーロしか所得税を払わずに済む。税率で言うと一％にもならない。要するに、不労所得が多ければ多いほど、課税所得は小さくなり、気前のよい割引が適用されるしくみになっている。なんと結構な発明だろうか。

ちなみに上限適用の名目でリリアンヌが免除されたのは、三〇〇〇万ユーロだけだった。これはおそらく彼女の申告した資産が一〇億ユーロまたは二〇億ユーロ未満で、残りは「産業資産」として特別税の適用を受けたか、でなければ娘（彼女もおそらく上限税率の恩恵に与っていることだろう）が申告したのだと考えられる。めでたし、めでたし。

＊1：リリアンヌが懇意の写真家に金銭や資産（セイシェルに近い島一つを含むという）を与えたのに対し、相続財産が減るのを恐れた一人娘フランソワーズがこの写真家を訴えた事件。同家の元執事が仕掛けた録音テープが証拠として提出されたが、このテープから脱税疑惑および政治家（サ

ルコジも含む）との癒着や違法献金が明るみに出て、国家を揺るがす騒動に発展した。二〇〇九年九月のコラムも参照されたい。

＊2：この文章の前に、「人は生まれながらにして自由かつ平等である」という有名な一文がある。

45 年金改革を大統領選挙のテーマに

二〇一〇年九月一四日

政府が打ち出した「年金改革」をどう評価したものだろうか。相変わらず出来の悪い応急措置にすぎず、年金財政の長期的な均衡はいっこうに実現しそうもない。過去の応急措置（一九九三年のバラデュール、二〇〇三年のフィヨン）と比べても、サルコジの粗悪品は不当で、しかもあつかましい。

政府は、フランスの年金制度がひどく複雑なのをいいことに、他国とのいかがわしい比較を真実だと国民に信じさせようとしている。その片棒を担いでいるのが、お人好しで無能なメディアだ。こうして、社会の最弱者に不利な「改革」を推し進めようとしている。

フランスの年金の受給資格は次のようになっている。まず年金を満額受給するためには、年金保険料を四一年間納めなければならない。年金は六〇歳から受け取ることができるが、満額年金の支給開始年齢は六五歳である。今回の改革では、保険料納付期間をいじらずに支給開始年齢だけを引き上げた（年金の支給開始年齢を六〇歳から六二歳へ、満額年金の支給開始年齢を六五歳から六七歳へ）。したがって、早く働き始めた人ほど不利になるし、パートタイムや臨時雇用など不安定な仕事の人ほど影響を被る。

一八歳から働き始めた給与所得者を例にとろう。現時点では年金を受け取れるのは六〇歳だから、四二年間保険料を払う。しかし改革後は六二歳まで待たなければならないから、四四年間払うことになる。これに対して、幸運にも大学まで進学した人は、働き始めるのが二一歳以降になるので、改革の影響を全然受けずに済む。六二歳に達するときに、ちょうど四一年間保険料を払い終えることになるからだ。国民運動連合（UMP）がどう言い張ろうと、この事実は変わらない。要するに今回の改革は、二〇歳以下で働き始めた人にのみ不利益に作用し、四一年以上の納付を強要する。若くして働き始めた人ほど、おおむねきつい肉体労働に従事し、平均寿命も短いのだから、なおのこと不当である。これでは昔ながらの水責めの拷問と同じだ。罪人の頭を水の中に長々と押さえつけておいてから、おもむろに息を吸わせてやって「ありがとう」

と言わせる……。この改革を支持した組合が、フランス幹部職総同盟（CFE－CGC）だけなのも当然だろう。

一方で、よいニュースもある。労働団体によって、真の改革の概要が提示されたことだ。繰り返される応急措置に業を煮やした二つの主要組合、共産党系のフランス労働総同盟（CGT）と社会党系のフランス民主労働同盟（CFDT）が、現行制度の全面的な見直しを提案したのである。長期的な平等を保証し、若年世代の信頼を取り戻し、現在の危機から脱出するには、これ以外に方法はあるまい。現行制度は期間や年齢の規定が複雑なうえ、業種別や補足制度などが重なり合い、絡まり合って、手の施しようがない(*)。これでは国庫負担分をどうするかについて、公明正大な議論ができるはずもなかろう。

とは言え、CGTとCFDTの主張はもうすこし明確にしてほしいし、できれば一本化してもらいたい。前者は共通年金センターといったものの設置を提案しているが、後者はすべての年金制度を統合する体系的な改革を主張している。いずれにせよこのように大規模な改革は、民主的な裏付けなしに行うことはできまい。したがって、二〇一二年の大統領選挙と議会選挙で可否を問うべきである。労組や政党は、この日程を視野に入れて具体的な案を練らなければならない。社会党はすでにこの方向で作業を開始しており、年金受給資格の統合と年金制度統合委員会の設置を公約に掲げる方針だ。

やるべきことは山積みであり、政権を担う者が責任を果たさず、明確な目標に取り組まなかったら、何も実現しない。この種の改革は、選挙に勝利してから思いつきでやるものではないのである。もうそろそろ、社会党に期待してもよかろう。

＊：フランスの年金制度は、民間企業、農業、公的機関、自営業と業種により四つに分けられている。さらに、たとえば民間対象の年金制度は「一般制度」と呼ばれる公的年金、強制加入の企業年金「補足制度」、企業独自の任意加入の「追加補足制度」と三層構造になっているなど、きわめて入り組んでおり、その組み合わせは数百パターンあるという。

ちなみに給付率は納付期間と受給開始年齢に応じて決まる。満額は、納付期間中で最も賃金の高かった二五年間の平均賃金の五〇％である。下限は生年ごとに設定されており、たとえば一九五三年生まれ以降は三七・五％となっている。

46

FRBを非難すべきか?

二〇一〇年一一月九日

先週、アメリカの連邦準備制度理事会(FRB)が発表した新たな行動計画は、あれこれと憶測や混乱を引き起こしている。まず、民主党政権の宿敵である共和党の超保守派、中でもティーパーティーの連中は、FRBなど不要だ、金本位制に回帰せよ、と言い出した。驚いたことに、ふだんはもうすこし知的なヨーロッパの専門家の一部でさえ、やや控えめながらも懸念を表明している。過激な輩にいたっては、この「札束乱発計画」は世界の均衡を脅かすと主張する。今週末のル・モンド紙では、ピエール=アントワーヌ・デロメが、FRB議長ベン・バーナンキは気が触れたのではないか、とまで述べた。

まったく、顔を洗って出直してほしい。はっきり言おう。今日の世界は、インフレの再来に脅かされてなどいない。現時点のインフレ率はアメリカでもヨーロッパでも一％未満だ。ＦＲＢは六〇〇〇億ドル（四三一〇億ユーロ）の資産購入計画を発表したが、これはアメリカのＧＤＰの五％にも届かない。この程度の通貨増発でハイパーインフレに転じると主張するのは、ナンセンスと言うほかない。ことによれば数パーセント程度のインフレにはなるかもしれないが、それはむしろ歓迎すべきだ。今日のリスクは、デフレ圧力の下で景気低迷が長引くことなのである。緊縮財政はこのリスクを一段と深刻化させる。このような状況下でＦＲＢや欧州中央銀行（ＥＣＢ）が政府に金を貸すのは、正しい。政府財政は金融危機と景気後退で傷んでおり、中央銀行のこうした政策は国債金利を押し下げ、したがって政府の予算制約を緩和する役割を果たす。現在のような状況では、これはまちがいなくよい政策である。こうした政策に市場での国債投機を終わらせる効果もあることは、ギリシャ危機の際に実証済みだ。もちろん公的債務は減らさなければならないが、中央銀行の援護射撃もなく急激に減らすのは狂気の沙汰である。それでは当初の目的とは逆に、景気後退を深刻化させるだけだ。

二年前のリーマン・ショックの際には、グローバル危機を引き起こした張本人である民間金融部門の救済について、誰もが中央銀行を支持していた。思えばこれは奇妙なことだ。明らかにここでは、数十年にわたり一貫して政府が悪者にされてきたことが尾を引いている。そしてついに人々は、中央銀行が「踏切番」としてインフレを防ぐだけの存在ではないことを忘れてしまった。しかし深刻な危機の際には、中央銀行は最後の貸し手としてきわめて重要な役割を果たすのであり、この役割は今後数年ますます重みを持つことになると考えられる。

幸運にもヨーロッパでは、多くの人がこの事実を認めるようになってきている。インフレに対してひどく神経質なＥＣＢ理事会でさえ、ジャン＝クロード・トリシェ総裁の国債購入計画を強く支持している。ブンデスバンク（ドイツ連邦銀行）総裁のアクセル・ウェーバーはこれに反対したが、逆にドイツ国内から激しく非難される結果となった。以上のように、ＦＲＢを批判するのはお門違いだ。むしろＥＣＢも、今後数カ月あるいは数年のうちに、同じことをすべきである。

もっとも、中央銀行が現実の危機に際して何かしら打つ手を持っているとしても、その効果を過大に期待してはならない。現在は、貧困国が富裕国に追いつこうとしている歴史的な時期であり、この事実は中央銀行といえども、いや誰であれ、変えることはできないからである。ヨーロッパとアメリカの経済が年一％か二％しか成長していないのに、中国、インド、ブラジルは五%か一〇%の成長を遂げている。後者が前者に追いつくまで、これが続くだろう。その後は、どの国も比較的ゆるやかな成長を維持する可能性が高い。その原因探しに躍起になるよりも、避けられないこの現実に慣れることだ。

47 アイルランドの銀行救済を巡る言語道断

二〇一〇年一二月七日

アイルランドは、まず「ケルトの奇跡」と持ち上げられた。次に、窮地に陥った。そして今度は、言語道断な事態に発展している。EUは、アイルランドの銀行と政府財政を救うために、法人税引き上げの約束も取り付けずに、九〇〇億ユーロもの資金を貸してやるというのだ。まことに信じがたい。

同国の法人税は現在一二・五%だが、これは二五〜三〇%であってしかるべきである。なぜか。第一に、アイルランドに拠点を置く銀行と企業は、ありがたい救済プランのおかげですぐに立ち直るだろう。そして控えめに言っても、低い税率のおかげで彼らが大いに潤うことはまちがいないのである。第二に、こちらのほうが重要だが、税のダンピングに基づく成長戦略は失敗するに決まっているし、隣国にとっても有害だからである。重要なのはＥＵが主導権を握り、金融安定化と引き換えに、不当に低い税率を打ち切らせることだ。言うまでもなくＥＵは、約束をするからには域内全体の真の金融安定化を実現しなければならない。

ヨーロッパではどの国でも、政府税収と社会保険料収入がＧＤＰの三〇～四〇％に達しており、これでインフラ整備や公共サービス（学校、病院など）、社会保障（失業保険、年金など）をまかなっている。法人税を一二・五％という低水準に設定すると、こうした社会的な事業が回らなくなる。労働所得に重税をかければ話は別だが、それは正当でも効率的でもないし、失業者を増やすだけだ。

はっきり言おう。隣国との取引でゆたかになった国が、次には隣国の課税ベースを横取りするとしたら、これは市場経済や自由主義の原則とは何の関係もない。ただの泥棒である。そして盗まれた当人が無条件で泥棒に金を貸してやるとしたら、これは愚行である。

さらに悪いことに、ダンピングは、それをする当の小国にとっても有害である。要するに軍拡競争と同じで、負の連鎖に陥ってしまう。アイルランドが低い法人税を維持するなら、ポーランドも、エストニアも……ということになる。このばかげたゼロサムゲームに終止符を打てるのは、ＥＵしかいない。欧州共通法人税を導入してもいいだろうし、各国の法人税の最低税率を二五％とし、それに欧州共通税一〇％を上乗せする方式でもよかろう。こうすれば、危機による債務の増加分をＥＵが引き受け、各国の財政の出直しを図ることも可能になる。

税のダンピングがアイルランドのバブルを直接的に引き起こし、ひいては現在の危機を招いたことからも、ＥＵの介入は急務である。アイルランドでは帳簿操作が横行し、銀行のバランスシートも国の収支もでたらめになっているのだから、なおのことだ。現在のアイルランドの経常収支は、巨額に上る移転価格操作（アイルランド以外の国にある子会社の利益をアイルランドに移転する）に「汚染」されており、それがどの程度なのか、皆目見当がつかない。この不透明性の度合いは、ギリシャ政府が行った国防支出と財政赤字の操作を上回るほどである。どちらのケースについても、秩序回復はＥＵの手に委ねられるべきだ。

ただし、やり方をまちがえてはならない。ドイツのメルケル首相とフランスのサルコジ大統領は、債務元本の減免（ヘアカット）で決着しようとしているが、これはあきらかによい解決策とは言えない。望ましいのは、銀行と、そして自分の判断ミスで金融資産を買った投資家に勘定を払わせることであって、そのためには租税を使うほうが（債務の返済を肩代わりする一方で、欧州共通法人税によって銀行の利益に課税する）、ヘアカットよりも上策である。ヘアカットは要するに部分的なデフォルトであり、最終的なツケがどこに回るのか読み切れないという不確実性を伴う。さらにヘアカット戦略では、一七カ国の国債にそれぞれ異なる金利が設定されている状況は変わらず、これでは投機を招くだけである。したがって、単一通貨のロジックを再検討しなければならない。その際には、小国の利害にも配慮する必要がある。今回の危機を脱するためにも、独仏首脳がヨーロッパ全体の構想を示すことが急務と言えよう。

48

週三五時間制を巡る情報操作

二〇一一年一月一一日

国民運動連合（UMP）の超保守派あたりが出所らしいが、ここ数週間、フランスでは妙な噂が拡がっている。「週三五時間制は、時間給の低い労働者について社会保険料使用者負担の軽減措置を伴うため、国にとって年間二〇〇億ユーロ以上の負担になっている」というのだ。有能と目される独立系のジャーナリストも、同じようなことを書いている。

だが、この主張はまちがっている。社会保険料の負担軽減措置は、右派のバラデュール政権が一九九三年に導入し、次いで同じく右派のジュペ政権が一九九六年に強化した。週三五時間制の全面的な導入よりだいぶ前のことで、これらの措置の目的は、あくまで非熟練労働のコスト削減である。たしかに一九九八年から二〇〇二年にかけて、軽減措置が（部分的かつ一時的に）労働時間の短縮を条件としていたことは事実であり、週三五時間協定を他社に先駆けて結んだ企業には、より大幅な軽減措置が適用された。しかしこの奨励制度も、週三五時間制がすべての企業に適用されるようになった二〇〇二年には打ち切られている。そして同年六月に誕生した右派のラファラン政権は、時間給の低い労働者について社会保険料の使用者負担を軽減する、いわゆるフィヨン減税（当時の労働相の名前による）を導入した。この措置は二〇〇三年以降およそ一〇年にわたって維持され、強化されてきたが、しかしこれは労働時間とは無関係である。右派政権が導入・強化したこれらの軽減措置を、いまになって週三五時間制のせいにするのは、情報操作以外の何物でもない。

使用者負担の軽減は重要な問題であり、真剣な討議の対象とすべきものであるだけに、こうした情報操作は嘆かわしい。労働コストの軽減自体は、まっとうな政策である。何度も指摘しているように、社会保障の財源を民間の給与に過度に依存し、とりわけ低い給与にしわ寄せが来ている現状は、是正しなければならない。フィヨン減税に問題があるとすれば、「低賃金の罠」とも言うべき現象を生み出したことである。

社会保険料の使用者負担率は、現時点で四五％に達している。他の給与課税も含めれば、五〇％である。つまり税込みで二〇〇〇ユーロの月給を払うときに、雇用主は一〇〇〇ユーロ負担する。したがって、労働コストは三〇〇〇ユーロになる。この使用者負担分の半分は、年金と失業保険に充当される。残り半分は医療保険、家族手当、住宅手当などのいわゆる社会保障に充当されるが、こちらは国民全員が対象であり、民間給与のみに依存する理由は何もない。

フィヨン減税によって、法定最低賃金に対する使用者負担率は半分に引き下げられた。しかし最低賃金の一・六倍に達した時点で、はやくも四五％に達してしまう。具体的に言うと、最低賃金相当（税込みで月額一三五〇ユーロ、手取りで一〇五〇ユーロ）からその一・六倍相当（同二一〇〇ユーロ、一六五〇ユーロ）の間の給与を払って従業員を増やそうという勇敢な雇用主は、労働コストの急増に仰天することになる。なんと手取り給与の二倍以上増える計算だ。しかもフランスの労働人口の半分近くは、この給与水準で働いているのである。

残念ながら、この状況を脱するのは容易ではない。ことあるごとにフィヨン減税を廃止してしまえと言い出す過激な輩もいるが、その選択肢はあり得ない。最低賃金水準の給与に対して負担率を重くするような政策をとる政府が、世界のどこにあるだろうか。では、使用者負担分を付加価値税（ＶＡＴ）、すなわち例の「社会保障目的の付加価値税」に移転するという案はどうか。これは右派のお気に入りで、左派も同調しているが、フィヨン減税廃止以上に悪い案である。というのも付加価値税は、所得の大半を消費に回す低所得者に重い税だからだ。結局、低所得者（および年金生活者など）は、給与からとられる代わりに買い物のたびにとられることになる。したがって、グッドアイデアと称される「社会保障目的の付加価値税」は、全然グッドではない。

もっとよいのは、課税ベースを徐々に拡大し、給与以外の所得や資産所得など、すべての所得が含まれるようにすることである。二〇年前にロカール政権が創設した一般社会税（CSG）は、まさにこれに該当する。この税を使えば、社会保険料の給与依存度は大幅に押し下げられ、「低賃金の罠」も相当程度に解消されよう。

このような改革を来年にも実現するためには、イデオロギーと週三五時間制悪玉論にとらわれた議論から脱しなければならない。ついでに、二〇〇七年にサルコジ政権が導入した残業手当の所得税・社会保険料の減免措置も、ぜひとも俎上に載せてもらいたい。こちらは政府負担が五〇億ユーロに達している。この減免措置は、サルコジが発明した小細工の中でも、最大級にばかげたものと言ってよかろう。ところが不思議なことに、現政権はこれにご執心らしい。いやはや、もうすこし勉強してもらいたいものである。

49

税革命の四本の柱

二〇一一年二月八日

カミーユ・ランデ、エマニュエル・サエズと筆者のチームは、このほど税革命について考え、かつ体験するサイト「税革命」(revolution-fiscale.fr)を開設した。すると二週間足らずの間に二〇万人近くが閲覧し、税制改革のシミュレーションが三五万回以上実行されたのである。利用者は税率や税率区分をさまざまに変えてみて、財政赤字、社会階層間の格差などへの影響の度合いを試算した。この事実は、具体的な数字に基づく税制論議への市民の関心の高さを示すものと言えよう。

ところが人間はいざ政策を担当するようになると、往々にして既存の税制を変えたくなくなるものらしい。その結果、選挙が終われば公約は反古《ほご》にされ、税制改革は矮小化され、弥縫策《びほうさく》に終わってしまう。これがフランスの税制の特徴にすらなっている。今回も、社会党の幹部は所得税と一般社会税(CSG)を統合することで合意に達したらしい。だが、なぜどのように統合するのかについて、誰一人として明快な説明をしていない。源泉徴収制の一般社会税が申告制の所得税を吸収するのか、それとも逆なのか。われわれのチームの結論ははっきりしている。一般社会税が所得税を吸収する——ただし累進制とする。それが現在の機能不全を解決する最善の策だと考えている。現行の所得税は、特例措置だらけで複雑すぎて、もうどうにもならない。改革不能だからなくすしかない。もちろん、これ以外の案も歓迎するが、必ず具体的に数字で示すことを条件とする。

われわれの考える税革命には、四本の柱がある。第一は、統合した新税は源泉徴収とすることだ。税制を近代化するとか、所得税と一般社会税を統合するなどと言いながら、源泉徴収に言及しない政治家は、私に言わせれば信用できない。フランスの所得税の税収はGDP比で二・五％にすぎず、他のヨーロッパ諸国の三分の一から四分の一だ（しかも他国は何十年も前から源泉徴収している）。他の税との比較で言えば、一般社会税の半分、付加価値税（VAT）を始めとする消費税の四分の一である。これではもう、所得税は死に体ではあるまいか。まさか覚悟を決める材料にするために、GDP比で一％になるのを待っているわけではあるまい。それに源泉徴収にすれば納税者は楽になるし、遅滞なく徴収できる。ついでに言えば現行制度では、最低賃金で働いている給与所得者は、まず給与から一般社会税を天引きされたうえで、一年後にその半分相当が勤労奨励手当（ＰＰＥ）として還付されるしくみになっている。これが合理的と言えるだろうか。

第二の柱は、個人課税にすることである。社会党案では、所得税と一般社会税を統合した新税は、個人ベース（たとえば現行の一般社会税が該当する）か世帯ベース（同じく現行の所得税が該当する）か選べるようにするという。どちらかに決めるべきだ。さもないと、せっかく統合しても二度手間になる。われわれとしては、個人課税を支持する。そうすれば、プライベートな家庭の問題が政治論議に入り込まずに済むからだ。社会党の幹部の間では意見が割れている。フランソワ・オランドは、世帯課税に賛成らしい（結婚または事実婚のカップルには二人の所得に課税する）。オランドより大胆なマルティーヌ・オブリーとセゴレーヌ・ロワイヤルは、男女平等に寄与するという点からも個人課税に賛成している。予備選挙までには各人が立場を明確にすること、来年の大統領選では社会党候補が明確な公約を打ち出すことを望みたい。

第三の柱は、家庭にやさしいことである。所得税の家族係数(*)に代えて、すべての子供について、親の所得とは無関係に税額控除を導入することを提案する。家族政策の予算は現状維持のままで、世帯の九五％がこの改革の恩恵に与《あずか》ることになろう。この政策は事実上、第一子から始まる家族手当の創出である。最富裕層五％の世帯は、すぐにはこの措置の対象にはならない。だが少なくとも、現在適用されている家族手当の上限は廃止する。どの場合にも現状維持を好む人はいるだろうが、政治には決断することが必要だ。

第四の柱は、税率区分の透明性である。フランス人の大半は、サルコジ政権が最富裕層に税の贈り物をしていると考えている。だがもし右派が、左派は中間層から搾取ろうとしていると有権者に信じさせることができるなら、そのときには左派は税問題で負けることになるだろう。解決への道は一つしかない。税率区分の完全な透明性を確保することだ。われわれは、税込み月次給与七〇〇〇ユーロまでは一定税率で、八〇〇〇ユーロ以上はゆるやかな累進課税にすることを提案する。これが最良の案とは言わないが、議論の出発点にはなるだろう。左派が数字に基づく提案をしない場合、勝利の約束は危うくなりかねないと警告しておく。

＊：二〇〇五年三月のコラムを参照されたい。

50

世論調査を規制せよ

二〇一一年三月八日

大統領選挙の第一回投票まであと約一年となった。これからは毎週、いや毎日のように、有権者が誰に投票するかについて、世論調査の結果が報道されることになるだろう。候補者にまつわる事実やその一挙手一投足が、支持率と結びつけて分析されることになる。問題は、二〇〇二年のとんでもない大失態（誰もジョスパンの勝利を予想できなかった）にもかかわらず、この手の世論調査がいっこうに規制されないことだ。乱暴に言えば、どのメディアも自分が報道したい数字を報道しているのであって、誤差範囲をあきらかにしないし、まして「秘密の操作」は言うまでもない。

議員が世論調査を問題視するなら、いまこそ規制強化のための委員会を設置するのに最適のタイミングである。まずは調査会社やメディアに統計学上の信頼区間の表示を義務づけ、候補者ごとに支持率だけを報道するやり方を禁じるべきだ。

ここで、標本数一〇〇〇人の典型的な世論調査を例にとって説明しよう。調査の回答率が七〇%、すなわち七〇〇の回答が有効だったとする。ここでは調査会社にとって最も好ましいケース、すなわち標本がフランスの人口を完全に代表するものであって、回答率にもいっさい偏りがないとしよう（この想定は楽観的すぎるのだが）。そして初歩的な統計計算をすると、この種の調査の信頼区間は前後二%であることがわかる。

言い換えれば、候補者Aの得票率が決選投票で五一%だという調査結果になったら、得票率は四九〜五三%の範囲内にある。くわしく言うと、ほんとうの得票率（すなわち、全人口を調査した場合に得られる数字）は、九〇%の確率で四九〜五三%の範囲内に入り、一〇%の確率で入らない。一方、世論調査で得票率が四九%と出た候補者Bは、九〇%の確率で得票率が四七〜五一%の範囲内に入る。

調査会社とメディアは、この二つの信頼区間「四九〜五三%」と「四七〜五一%」を公表しなければならない。すると読者は、両者の区間が一部重なっていること、したがって調査結果は考慮に値することは何も語っていないとすぐに気づくだろう。これは、世論調査は有権者のその瞬間の意志を切り取った「写真」にすぎない、という批判とはちがう。仮に調査時点以降も有権者が気持ちを変えないとしても、調査の信頼性は低い、ということだ。

候補者ごとに信頼区間を公表することには、二つのメリットがある。第一に、候補者同士の差の多くは、統計的に有意でないとわかることだ。先週末に発表された調査結果には、まさにこれが当てはまる。調査によると、極右の国民戦線のマリーヌ・ル・ペンが支持率二三％で、社会党のマルティーヌ・オブリーと国民運動連合のニコラ・サルコジ（ともに二一％）を上回った。しかしおそらく、信頼区間は重なり合っているだろう――三人とも社会党候補だと言っても通用するくらいに。言い換えれば、三人のうち誰が当選してもおかしくない。したがって、調査結果に一喜一憂するよりも、民主的な政策討論でもするほうがずっとましである。

第二のメリットは、生データを「補正」するために調査会社が使っている統計手法が明るみに出ることだ。データの歪みを補正すること自体は、けっして不当ではない。たとえば、事前調査で国民戦線に投票すると答えた有権者の数が、実際の投票者の数のつねに半分だとしたら、調査で得られた数字を二倍にすることは正当化しうるだろう。問題は、この種の「補正係数」が、時期によっても、調査会社によっても大幅にちがうことだ。調査会社が補正方法の公表に執拗に反対するのは、それが「秘密の操作」だと自覚しているからにほかならない。

この手のいんちきをこれ以上放置すべきではない。生データと補正済みのデータの両方を公表すれば混乱を招くし、補正方法を完全に説明しようとすれば紙面を何ページもとられてしまうという主張は、認めてもよい。だが調査会社には、最低でも何らかの形で生データの完全公開と使用した補正方法の公表を義務づけるべきだ。そうすれば、統計学の心得のある人なら誰でも、信頼区間と誤差範囲を自分で確認することができる。ときに補正は信頼区間を大幅に拡げてしまうことがあるから、この点はとくに重要である。

最後に、そうした規制を導入すれば、調査会社とメディアは調査の回数を減らし、信頼性を高めようと努力する(と期待できる)ことを付け加えておこう。たとえば調査回数を五分の一に減らして、そのぶん標本数を五倍に(一〇〇〇人から五〇〇〇人に)すれば、誤差範囲は三分の一程度になる。こうすれば討論の質も高まるし、調査会社の信頼性も高まるというものである。

51

日本——民間は金持ちで政府は借金まみれ

二〇一一年四月五日

ヨーロッパから見ると、日本の現状は摩訶不思議で理解不能である。政府債務残高がGDPの二倍、つまりGDP二年分にも達するというのに、日本では誰も心配していないように見えるのは、どうしたことか。どんな事情で、あるいはどんな政治的決断によって、借金がこれほど莫大になったのか。われわれは日本の政府債務をGDP比や絶対額で毎日のように目にして驚いているのだが、これらは日本人にとって何の意味も持たないのか、それとも数字が発表されるたびに、みな大急ぎで目を逸らしてしまうのだろうか。

政府債務について考える際にいちばんいいのは、国民経済計算を参照することである。ほとんどの国が、ストック面のデータ（国民貸借対照表）を公表している。すなわち、家計、企業、産出と所得というフロー面のデータだけでなく、政府部門が保有する資産（固定資産および金融資産）と相互および対外的な負債である。

ただし、この種の統計は、完璧ではない。たとえばグローバル・ベースで言うと、正味金融資産は世界全体でマイナスになっている。これは論理的にあり得ない――地球の資産を火星が所有しているなら、話は別だが。マイナスになるのは、まずもって確実に、金融資産のかなりの部分がタックスヘイブン（租税回避地）にあり、それを所有している非居住者がしかるべく申告していないからである。経済学者のガブリエル・ズックマンがこのほど発表したように、ユーロ圏ではとくにこの現象が甚だしい。つまりユーロ圏の金融資産は、公式統計とは逆に大幅なプラスのはずだという。ヨーロッパの金持ちには財産の一部を隠す理由が大いにあり、EUは、それを防ぐためにすべきことやできることを怠っている。

だが、統計が不完全だからと言ってがっかりする必要はない。むしろ国民経済計算を徹底的に調べることによって、改善に貢献できる。経済学においては、最低限のところから始めるという原則を受け入れなければならない。それによってこの学問は興味深いものになるし、大きな進歩も可能になる。

調査や分析を怠れば、必ず最富裕層を利することになる。それも、築き上げた財産よりも、棚ぼた式に手に入れた財産の持ち主を利することになりやすい。人間は、後者のほうを何としても守ろうとするものだからである。

日本の話に戻ろう。政府債務を論じるときにまず注目すべきは、個人資産はつねに一国の負債（政府部門＋民間部門）を大幅に上回ることだ。日本もヨーロッパもアメリカも、家計部門の固定資産と金融資産の合計（負債差引後）は、おおむねGDPの五〇〇〜六〇〇％になる。富裕国では、おおざっぱに言って国民一人当たりの所得が三万ユーロだとすれば、平均的な資産は一人当たり一八万ユーロになる。つまり年収六年分である。

次に、日本政府はたしかにGDPの二〇〇％を上回る債務を抱えてはいるが、同時にGDPのおよそ一〇〇％相当の非金融資産（国有地、公共用資産）と、やはり一〇〇％相当の金融資産（国営・公営企業の持ち分、郵便貯金など公的金融機関の資産等）も持っている。したがって、資産と負債はほぼ釣り合っているのである。

ところが日本の政府部門の資産ポジションは、ここ数年ややマイナスになっている。これはきわめて異常なことだ。しかも政府は、所有しているものをすべて売るということはできないのである。比較のために、フランスとドイツの政府部門を見てみよう。

どちらも、グローバル金融危機のあとでさえ、大幅にプラスになっている。たとえばフランスの場合、政府債務残高はGDPの一〇〇%に達しているが、政府の保有資産(非金融資産+金融資産)は同一五〇%である。

この日本特有の状況は、同国(政府部門+民間部門)の保有する対外純資産が巨額に達していることを考えると、一段と衝撃的である。過去二〇年の間に、日本は国民所得一年分に相当する対外純資産を積み上げてきた。

民間部門が金持ちで政府部門は借金まみれという不均衡は、東日本大震災の前から顕著だった。この不均衡を解消するには、民間部門(GDPに占める割合は三〇%程度)に重く課税する以外にない。論理的に考えれば今回の大震災は、一九九〇年から続いているこの現象を一段と加速させるはずだ。そして日本をヨーロッパに、つまりは債務危機に近づけることになるだろう。

52
富裕税にまつわる政府の三つの嘘

二〇一一年五月三日

嘘というものは、大がかりであるほど通りやすい――現政権はどうもそう考えている節がある。政府がついた三つの嘘の第一は、二〇〇七年から二〇一〇年にかけての三年間にわたって、ニコラ・サルコジが税の上限を正当化するためについてきた嘘である。サルコジは全国民に向けたテレビ放送で、ドイツにも上限があると何度も強調したのだ。しかしドイツには、そのようなものはなかった。

そして二〇一〇年になって、サルコジは上限を廃止すると発表した。しかしこのとき、第二の嘘をつく。「フランスは財産に課税している唯一の国である」から、富裕税（ＩＳＦ）を廃止するか、大幅減税すべきだと述べたのである。メディアに露出するたびにこの説を繰り返した結果、ついにはこの真っ赤な嘘を世間の一部に信じさせるにいたった。だが実際には、あらゆる国が家計の資産、とくに不動産に課税している。そう、固定資産税である。固定資産税の税率は、じつは富裕税よりずっと高い。フランスでは、家計部門の固定資産税の税収がおおよそ一五〇億ユーロ、富裕税が四〇億ユーロだ。もしアメリカかイギリスの税率を適用したら、固定資産税の税収は二五〇億ユーロになる。

ではフランスの税制を英米に倣って改正すべきだろうか。必ずしもそうとは言えない。富裕税にはいろいろと欠点はあるが、一九世紀に考案された古い税である固定資産税に比べると、より公平で効果的で、二一世紀にふさわしいからである。まず、固定資産か金融資産かを問わず、あらゆる形態の資産を同じように扱うことが建前になっている。このため、経済にもたらす歪みを最小限に抑えられる。抜け穴も多いが、固定資産税のように金融資産を始めから一〇〇％除外するよりはよい方法だと言えるだろう。

次に、富裕税は負債が控除される。一〇〇万ユーロの資産を持っていて、八〇万ユーロの借金があったら、富裕税の対象になるのは二〇万ユーロだけであり、そうであればそもそも富裕税はかからない。これに対して固定資産税であれば、負債のあるなしを問わず、同じ税額を納めなければならない。

そして富裕税は、市場価格に対して課税される。これは、万人に公平だという点ですぐれている。固定資産税の場合、ほとんどの国が登記簿に記された価格に対して課税している。この価格の評価替えはめったに実施されない。すると、自治体や居住地によって甚だしい不平等が発生することになる。ドイツとスペインが、時代遅れの登記価格に対して課税されていた古い累進制資産税を最近になって廃止したのは、このためだ。税の歴史からしても、技術的な点からしても、これらの税はフランスの富裕税とは何の共通点もない。富裕税は一九八〇～九〇年代に創設された。当時は、資産価格はずっと右肩上がりで上昇するものと理解されており、したがって当初から、資産に対しては毎年改定される市場価格に基づいて課税すべきだと考えられていた。よって、イデオロギー的な理由から富裕税を廃止すべきではない。むしろ、フランスでは固定資産税を富裕税に近づけるほうが好ましい。

そしてここに、第三の嘘がある。政府は、最富裕層に対する富裕税の税率を、三分の一以下に引き下げたがっているのだ。現在は一七〇〇万ユーロ以上の資産に対する税率は一・八％だが、これを〇・五％にするという。これが金持ちに対する気前のいいプレゼントでないと、誰が信じるだろうか。もしこの減税が実現したら、筆者らの試算によれば（www.revolution-fiscale.frを参照されたい）、富裕税の税収は現在の四一億ユーロから、一気に一八億ユーロに減る。実際には税率区分が絡んでくるので、減収はもっと大きいだろう（およそ三〇億ユーロ減と見込まれる）。一七〇〇万ユーロ以上の資産を持つ世帯のうち、およそ一九〇〇世帯は、課税対象資産が平均三五〇〇万ユーロあると申告している。これらの世帯では、一世帯平均で三七万ユーロほど富裕税が減る計算だ。経済省の統計によると、最富裕層は二〇〇七年から二〇一〇年まで、富裕税の上限を二一万ユーロとする措置の恩恵に与《あずか》ってきたが、こちらは廃止される。プラスマイナスで、最富裕層にとっては一六万ユーロの税の軽減となる（二〇〇七年以前の状況と比べれば、三七万ユーロの軽減になる）(*)。

われわれの計算が完璧だと言うつもりはないが、計算根拠をくわしく公開しているので、興味のある人はぜひ自分で計算してみて、修正点があれば教えてほしい。政府が掲げる数字は客観性に乏しく、きわめて疑わしい。たとえば税率区分ごとのデータさえ公開されていない。予算相のフランソワ・バロワンは、税制改革後の富裕税の税収は二八億ユーロになると発表した（四月二二日付けル・モンド紙）。しかし一週間後には、二三億ユーロだと訂正（四月二九日付けレ・ゼコー紙）。そしてさらに一週間後には、われわれの試算結果どおりの一八億ユーロが公式見解になるという体たらくである。

いずれにせよ、予算が乏しいときに税収が数十億ユーロも失われるのは、妥当と言えるのだろうか。しかも、資産そのものも所得も減っていないのである。少なくとも政府には、きちんとしたデータを公表し、責任ある政治を行ってほしいものだ。さらに、研究者がすべての統計資料を活用できるようにしてほしい。そうすれば、嘘に基づくのではなく、妥当な推計に基づいて税の議論をすることができる。

＊：従来は超過累進税率だったのが、改正後は総額方式になり、かつ極端な変動を緩和する目的で調整措置が導入されるため、計算が複雑になる。

53

本気で労働者に手厚く

二〇一一年五月三一日

高等教育・研究相のローラン・ヴォキエは、自助努力を妨げるような支援制度だとして積極的連帯所得手当(＊1)（ＲＳＡ）を強く批判し、「社会の癌」だとまで言っている。これをどう考えるべきだろうか。まず言えるのは、国民運動連合（ＵＭＰ）内の出世競争では過激な超保守的発言をするほど有利になっており、したがって若手がどんどん伸《の》してきている、ということだ。ニコラ・サルコジ、ジャン＝フランソワ・コペに続いて躍り出たこの新鋭は、社会の最弱者の背中を踏みつけて、名前を売ろうとしている。次にもうすこし重要なのは、現政権はもっとあつかましいということだ。というのも、「自助努力を妨げる支援」を打ち消すつもりなのか、なけなしの予算を、それもこっそりと、低・中所得労働者の購買力を削るために使っているのである。

現行の税制では、一般社会税（ＣＳＧ）、付加価値税（ＶＡＴ）、ガソリン税等の消費税を含めたすべての税を勘案すると、法定最低賃金（ＳＭＩＣ）の一〜二倍の低所得層の場合で、給与に四〇〜五〇％の税金がかかる。一方、最富裕層は三〇〜三五％にすぎない。政府が公約どおり本気で労働者に手厚くしたいなら、口先だけでなく行動で示すべきである。そのための方法は一つしかない。低・中所得層に重くのしかかる税負担を減らすことだ。

ところが政府はあろうことか、二〇〇七年以来、最富裕層を優遇する「税の贈り物」を続けてきた。国庫が底をついているというのに、富裕税（ＩＳＦ）の納税者に数十億ユーロのプレゼントを計画中で、最富裕層の資産に適用する税率を現行の三分の一以下にするという（一七〇〇万ユーロ以上の資産に対する富裕税率を現行の一・八％から〇・五％に引き下げる）。もしこれが実行に移されたら、すでにフランスの税制を覆っている不公平と前近代性を一段と助長することになる。ごく穏当な租税審議会でさえ、そう認めているのだ。そして国には返さなければならない借金がある以上、しわ寄せは低所得層に来ることになる。

このような格差助長策をとりながら、労働者を守ると言い張るなら、右派の知性と誠実を疑わざるを得ない。大統領選挙を来年に控えたいまこそ、左派は、労働者を重んじ、低・中所得層の購買力を押し上げられるのは自分たちだということを国民に示さなければならない。フランスの税制は不当な再配分を行っているうえに、複雑すぎて非効率だ。この制度をゼロから作り直すことが急務である。たとえば、勤労奨励手当（ＰＰＥ）の支給方式は複雑すぎる。(＊2) しかもこの煩雑な手続きが、低所得層八〇〇万人を対象に毎年繰り返されているのである。

一般社会税、所得税、勤労奨励手当を一本化し、すべての給与所得者から源泉徴収する方式を導入すれば、税率は最低賃金レベルで二％になるはずだ。すると手取りは大幅に（月一〇〇ユーロ程度）に増える。このほうが、一年後に小額の小切手をもらうよりはるかにうれしいにちがいない。それに何より、労働を実質的かつ具体的に評価したと言えるだろう。右派の見てくれだけの約束とは大違いだし、このような目標であれば、検討する価値は十分にある。代案を出さずに「税革命」に反対する輩は、考え直すほうがよい。

左派は再び庶民の味方になれるはずだし、なるべきである。そして、社会的正義と税の正義を掲げるべきだ。そのためには、数字を伴う具体案を出さなければならない。社会党は、過去二五年のうち一〇年にわたって政権の座にあった。(＊3) しかしどちらの場合にも右派が提案した所得減税に反対し、次の選挙で敗れている。社会党は所得税の抜本的な改革に手をつけたことがなく、一部には目下流行の富裕税悪玉論に同調し、撤廃を唱える輩さえいる。

市民の信頼を取り戻すためにいま必要なのは、税制改革の曖昧な口約束ではない。庶民はこのところ、自分たちの経済的・社会的利益を守ってくれるのは、社会党ではなくて極右なのかもしれないと考え始めている。今秋に予定されている社会党の予備選挙で、納得できる構想が提案されることを期待しよう。

＊1：生活保護を受けていた失業者が就労しても、手当の一部を引き続き受け取れる制度。くわしくは、二〇〇八年一月のコラムを参照されたい。
＊2：勤労奨励手当については、くわしくは二〇〇八年一月と二〇一一年二月のコラムを参照されたい。
＊3：一九八八〜九三年がミッテラン大統領（社会党）の下でロカール、クレッソン、ベレゴヴォア首相。一九九七〜二〇〇二年がシラク大統領（国民運動連合）の下でジョスパン首相（保革共存政権）。

54

ヘアカットよりも銀行税を

二〇一一年六月二八日

ドイツには、今日の惨状を引き起こした代償を銀行に払わせたいと考える立派な理由がある。何と言っても銀行は、ときにひどく高い金利でギリシャに貸し付けているのだ。したがって秩序正しく公正に銀行に払わせるには、その目的に限定した欧州銀行税という手段が好ましく、ギリシャ国債の一部デフォルトではだめだ、ということである。

銀行税と一部デフォルトはどうちがうのか。全然ちがう。デフォルトの場合、その影響はまったく読めない。まずはギリシャと名のつくあらゆる公的債務について、一定比率での減免を行うことになる。たとえばこの比率を五〇%としよう。するとギリシャに一〇〇貸したところは、五〇しか戻って来ない。つまり五〇%の割引、最近はやりの言葉で言えば「ヘアカット（債務元本の減免）」である。

だが、何度も修羅場をくぐり抜けてきている銀行は、だいたいは互いに「保険」をかけ合っている。かの有名なクレジット・デフォルト・スワップ（ＣＤＳ）は、その代表例だ。これは債務不履行リスクに対する保険の役割を果たし、ＣＤＳの売り手はプレミアム（保証料）を受け取る代わりに、万一デフォルトになった場合には買い手に対して損失分を支払う。言ってみれば、デフォルト・リスクを巡るババ抜きのようなものである。さらに、個人投資家の中にはそれと知らずにギリシャの債務を抱えている人もいる（たとえばここ数年、多くの預金者が生命保険契約と抱き合わせで欧州債パッケージなるものを売りつけられているが、たいていの人は契約の裏面約款を読んでいない）。

こうしたわけだから、誰が最後にババを引く羽目になるのか、誰にもわからない状態だ。つまり、借金の一律割引が正しいと言い切れる理由は何もないのである。金融の世界では、最も規模の大きいプレーヤーが最も多くの情報を持っていることが多い。彼らは手遅れにならないうちに、焦げ付きそうな債権を抜け目なく厄介払いする。

それに、銀行というものは一行が破綻するとドミノ効果を引き起こす。パニックがヨーロッパの金融システム全体に拡がり、倒産の連鎖を招きかねない。雲行きの怪しい他国もデフォルトを起こすのではないかとか、大幅なヘアカットが適用されるのではないか、といった憶測が市場に出始めている場合には、なおのことである。

あれほど磐石に見えた巨大金融機関も、実際にはひどく脆弱だったことがいまではわかっている。前にも書いたが、銀行には自分の資産と言えるものはほとんどない。バランスシートを見ると、一方に巨額の資産、他方に巨額の負債がある。その規模は、中堅銀行で一兆ユーロというところだろう。これは、ギリシャのGDPの半分に相当する。だが自己資本はひどくみすぼらしい。資産総額一兆ユーロに対して一〇〇億ユーロ程度である。となれば、ギリシャのデフォルトという事態になれば大打撃になることは容易に想像がつく。

だからフランスにも欧州中央銀行（ECB）にも、ギリシャのデフォルトを避けたい理由が十分にある。だが、銀行の自主的な貢献を当てにしたフランスの案は、お話にならない。これは要するに、息子の災難をお友達の銀行に押し付け、もうすこし取り立てを待ってやってほしい、できればもうちょっと余分に貸してやってほしい、とお願いしているだけだ。これでは債務危機は解決しない。フランスは、「銀行にツケを払わせる」というまことにもっともなドイツの強い意志を支持し、銀行を経済再建に参加させるべく、銀行税または銀行拠出金の創設を協議すべきである。

銀行税は、ヘアカットに比べて大きなメリットがある。まず、課税ベースと税率を厳密に決められるので、資金のある銀行だけを課税対象にして無用のパニックを防ぐことができる。さらにこの税は、将来の欧州共通法人税に向けた、ささやかながら着実な第一歩となるだろう。危機が発生して具体的なニーズに対応しなければならないときこそ、新しい税金を導入する千載一遇のチャンスである。また、表立って言及されてはいないものの、真の欧州共通財務省の創設という方向への第一歩にもなるはずだ（税収なしの財務省は、財務省とは言えまい）。

この税は、具体的にはどのような形になるだろうか。金融機関が保有するギリシャ国債に応じた比率で計算したら、定義からして課税額が債務不履行分と等しくなり、経済に著しい悪影響を与えかねない。流動性の乏しいギリシャ国債を大量に抱えた銀行は、窮地に陥るだろう。むしろ、懐具合に余裕のある銀行のみを対象にすべきだと考えられる。したがって銀行税は利益課税とし、法人税を補う税という位置付けにする。これは、欧州共通法人税の出発点となるだろう。それまでの過渡的な措置としては、保有国債と利益の両方を対象にする、あるいは自己資本を対象にするといった方法も考えられる。後者は銀行の健全性向上にも寄与しよう。いずれにせよ大事なのは、銀行税のあり方についてヨーロッパ全体でいますぐ検討を始めることである。

55 オブリー対オランド

二〇一一年九月六日

大統領選挙の党公認候補を選出する社会党の予備選挙が、来月に迫っている。この予備選挙を実のあるものにするためには、各候補者が何を提案しているのかを明確にし、ちがいを打ち出すことが必要だ。現時点では、それにはほど遠い。それでも、一騎打ちになりそうなマルティーヌ・オブリー現第一書記とフランソワ・オランド前第一書記の間では、いくつかの対立点がはっきりしてきた。

たとえばオブリーは、公職兼職(*1)にはっきり反対を表明している。これは、フランスの民主主義と議員のあり方を刷新するためにも、立法府と行政府の均衡を回復するためにも、重要な施策と言えよう。議会が単にタイムカードを押す場所ではなく、フルタイムで任務を果たす場となるためには、公職兼職を禁止しなければならない。とりわけ、地方自治体の首長や議長職との兼職は禁止すべきである。一方オランドは、社会党の有力政治家にそうした禁止令を出すことをためらっているらしい。いずれ彼が勇気を出すことを期待しよう。

もう一つの対立点は、「世代契約制度」である。[*2] こちらはオランドの提案で、若年労働者一名を新規雇用すると同時に、その指導役として社内の高齢社員一名の雇用を継続した企業には、この二人分の社会保険料を三年間免除するというもの。ここでも、オブリーに軍配を上げたくなる。彼女は、すでに複雑な制度にまたしても例外措置を付け加えることになるとして、この案に反対している。類似の措置としては、被雇用者の年齢に応じた社会保険料の減免措置が何度か導入され、そのたびにさしたる効果は上げられずに終わっている。そのうえ、八〇億〜一一〇億ユーロに上る財源をどうするのかという問題がある（オランド・チームの計算した数字の幅が大きいのは、この案にまだ改善の余地があるからだということにしておこう）。ちなみに、サルコジが二〇〇七年に導入した残業手当の課税減免措置を、社会党の立候補者は口をそろえて打ち切ると主張しているが、それだけでも四五億ユーロの財源が必要になる。現在の予算の制約の中では、右派のニッチ政策を左派のニッチ政策で置き換えるのは、どうみても得策ではない。

それはそれとして、オブリーはもう一つ別の政策にこだわっているが、こちらは高くつく割にさしたる効果が望めない。この政策とは、再投資収益に対する税率（現行三三％）を二〇％に引き下げるというものだ。これは、「迷案」の典型例である。第一に、生産的な投資と金融投資を区別することは、実際問題としてはまず不可能である。しかもこの種の措置はフランスも含めて過去に導入例があり、いずれも十分な効果を上げていない。第二に、今日最優先すべきは、法人税の税収をしかるべき水準に戻すことであって（危機の際に文字どおり底が抜け、五〇〇億ユーロから二〇〇億ユーロに落ち込んだ）、この税収をまたしてもつまみ食いすることではない。第三に、今後数年のグランドデザインとしては、EUレベルの共通法人税を考えていくべきである。この観点に立てば、フランスだけが一方的に再投資収益の大幅減税を行うのは納得しがたい。これでは、アイルランドの法人税ダンピングを非難できなくなる。

オブリーは、社会党全員が賛成したという大規模な税制改革（一般社会税と所得税を一本化した累進税を所得に課税する）を二〇一二年から推進したい意向だと言われており、そうであればなおのこと再投資収益減税は解せない。もっとも改革の中身は、現段階ではごくおおざっぱなことしか決まっていない。オランドのほうは、改革するとは言っているものの、具体的な内容は何も語っていない。両人は、次回にはより具体的な計画を示すと約束している。予備選挙の第一回投票日は一〇月九日に迫っている(*3)。それまでに二人は思い切った決断を下せるだろうか。

＊1：フランスは、公職兼職が広く定着している世界でも数少ない国の一つである。たとえばシラク大統領は、一九八六年から八八年まで首相を務めたとき、同時にパリ市長を兼務していた（パリ市会議員でもあった）。

＊2：若年者採用と同時に高齢社員（五七歳以上）の雇用を継続した企業を支援する制度。従業員三〇〇人以下の企業であれば、若年者について三年分、高齢社員には定年までの賃金助成金を支給。従業員三〇〇人以上の企業については、社会保険料を減免する。オランドの大統領就任後に実行に移された。

＊3：社会党の予備選挙第一回投票は一〇月九日に実施され、オランドが一位だったが、得票率三八％で過半数に届かず、二位のオブリーとの決選投票となった。一六日の決選投票では、オランドが得票率五六％で勝利した。従来は社会党員（約二〇万）のみの投票だったが、今回の予備選では、投票所で一ユーロを払い「左派支持」の誓約書にサインすれば誰でも参加できる開かれた方式を採用。最終的に二七〇万人が投票した。

56

報道機関の独立性

二〇一一年九月二七日

金持ちは少ししか税金を払っていない、というのは誤解なのだろうか。すくなくとも九月一九日付のレ・ゼコー紙(*1)は、一面で大々的にそう主張している。この結構なニュースは、「ベルシー研究(*2)」という特集の一部だった。好奇心に駆られた私は、件《くだん》の研究の詳細を教えてもらおうと、知り合いの記者に掛け合ってみた。「絶対無理。これは極秘資料で、誰にも教えないと約束したんだから」という返事である。粘った末に、彼女はいくつかの曖昧な数字を計算したことがわかったが、それが記事の裏付けにならないことは一目瞭然だった。

では、経済省の極秘資料なるものには、何が書かれているのだろうか。入手可能な最新の税務資料に書いてあるのと同じく、所得階層ピラミッドの頂点近くでも実効税率は下がりはしない、ということだけである。課税所得と所得税の比率から計算した税率は、最上位所得層一〇万人が平均してほぼ三〇％前後で、累進性はきわめてゆるやかだ（上位一万人は三一・四％、さらに上位一〇〇人は三二・五％）。

しかし現実に問題なのは、この実効税率なるものが実際の所得に対してではなく、課税所得に適用されることである。そしてフランスの税制で最悪なのは、実際の所得に占める課税所得の割合が、まさに所得ピラミッドの頂上付近でがくっと減ることだ。なぜなら、資産所得の大半が課税を免れるからである。具体的には、最富裕層の課税所得に適用される税率がおおむね三〇％だとしても、実際の所得に対しては、おそらく一五％にも満たない。課税所得に含めて累進所得税を適用される金融所得（配当および利子）が二〇〇億ユーロ足らずであるのに対し、分離課税とキャピタルゲイン課税の対象になっている分も含めれば、四〇〇億ユーロになる。そして、一般社会税（CSG）の対象になっている金融所得全体を考えれば、八〇〇億ユーロになるのだ（CSGの課税ベースは、累進所得税の対象となる金融所得の四倍である）。くわしくは、「税革命」のサイト（http://www.revolution-fiscale.fr/annexes-simulateur/Donnees/pdf/CN16）を見てほしい。

このような富裕層優遇を放置し、課税所得だけを問題にするなら、フランスの税制がいかに逆進性になっているかを白日の下にさらすことはできない。しかも最近の富裕税（ＩＳＦ）の引き下げで、税制の改悪は一段と進んでいる。政府のやり口は、手続き的に問題はないだろう。だが経済専門紙であるレ・ゼコーの記者が、この大がかりなえこひいきを見抜けないとは尋常ではない。

ここから、いくつかの教訓が得られる。まず、ジャーナリストたるものがこの種の「極秘資料」に頼り、裏も取らずに鵜呑みにする状況では、税制を巡って公明正大な議論を促進するのはむずかしい、ということだ。筆者はカミーユ・ランデ、エマニュエル・サエズの手を借りて、フランスの税制を細部にいたるまで調べ上げてデータをまとめるという難事業をやり遂げた。また、ファカンド・アルヴァレドやアントニー・アトキンソンを始めとする多数の研究者と共同で、過去一世紀にわたる二三カ国の租税資料を系統的に分析した。このとき構築したワールド・トップ・インカム・データベースは、不平等の歴史的変遷を示すものとしては今日入手可能な中で最も完全な資料であり、そのデータは世界中の研究者に参照されている。

このデータが完璧だと言うつもりはないし、このデータに基づいてわれわれが提唱する税制改革に賛成するかしないかはもちろん各人の自由だ。だがわれわれのデータは公開され、誰でもアクセスでき、徹底的に検証可能だという利点がある。これは、必要に応じて、ただしわれわれと同じく透明性と厳密性を守るという条件の下で、データをよりよいものにするためである。管理者が新たな資料を入手したら、それも随時公開し、研究者が活用できるようにしていくつもりだ。

今回の一件は、報道機関の資金源と独立性という大きな問題も投げかけている。二〇〇七年にレ・ゼコーの記者たちは、ベルナール・アルノー率いるLVMHグループに買収を仕掛けられて抵抗した経緯がある。彼らは当然ながら、自分たちの独立性が脅かされるのではないかと懸念し、多数の署名を集めて差し止めを陳情した——が、無駄だった。こうしたわけで二〇〇七年以降、フランス最大の経済日刊紙はフランス最大の富豪の所有に帰している。同紙は、現政権が支持する案件を好意的に報じる傾向が次第にあからさまになっているが、それが買収と関係があるかどうかは、筆者の知るところではない。しかし、国民運動連合(UMP)の上院議員で資産家のセルジュ・ダッソーが所有するル・フィガロ紙を読んでいて、ほとんど政府の広報紙だと感じたことはある。あるいはレ・ゼコーの記者たちは、購読者の利益を守ろうとしているだけだが、その購読者自身が次第に世間一般から乖離してきたのだろうか。いずれにせよ、多くの記者が示すこの変身ぶりは、民主主義にとって憂慮すべきことである。

＊1：フランスの経済専門の日刊全国紙。二〇〇九年の一日当たり平均販売部数は一二万部。
＊2：フランスの経済・産業・雇用省は、パリ一二区ベルシー通りにあることから、「ベルシー」と通称される。

57 ジョブズのように貧乏

二〇一一年一〇月二五日

みんなスティーブ・ジョブズが大好きだ。ジョブズはビル・ゲイツ以上に好感度の高い起業家の代表格であり、大金持ちであって当然だと考えられている。というのも、ゲイツがオペレーティング・システムの事実上の独占によって（とはいえ彼はウィンドウズを発明したわけではあるが）富を築いたのに対し、ジョブズはｉＭａｃ、ｉＰｏｄ、ｉＰｈｏｎｅ、ｉＰａｄ等々じつにたくさんのイノベーションを世界にもたらし、情報機器の使い勝手にもデザインにも革命を起こしたからだ。

たしかに、そのうちどこまでがこの一人の天才によるもので、どこまでが何千人もの技術者によるものなのかは、誰もよくわかっていない。技術者の名前は忘れ去られる。まして、エレクトロニクスや情報科学の基礎研究に携わる無数の研究者の名前は言うまでもない。彼らの研究成果が日の目を見なかったり、特許をとらなかったりすれば、なおのことである。それでも、どんな国、どんな政府も、あのような起業家が自国に現れてほしいと願っているにちがいない。

ジョブズとゲイツは、才能にふさわしい富を築いたという点でも、起業家の代表格だと言える。フォーブス誌の長者番付(*1)によると、ジョブズの資産は八〇億ドル、ゲイツは五〇〇億ドルである。これを知ると、ちゃんとお金は才能のある人のところへ行くのだと、世の中はなかなかよくできていると、つい満足したくなる。だが残念ながら、富が才能や努力に見合っているとは言えない。満足感に浸っていないで、もうすこし深くこの点を掘り下げてみるのも無駄ではなかろう。

まず疑問を感じるのは、イノベーターであるジョブズの資産が、ウィンドウズの上がりで食べているゲイツの資産の六分の一にすぎないことだ。この事実は、競争原理にはいまなお改善の余地があることを示しているように思われる。

さらに憂鬱なのは、アップルがここ数年メガヒットを連発し、その創造的な発明が全世界で大人気になっているにもかかわらず、ジョブズの資産がリリアンヌ・ベタンクールの資産（二五〇億ドル）の三分の一以下であることだ。彼女は一度も働いたことがなく、ただ父親から遺産を受け継いだだけである。フォーブス誌の長者番付を見ると、ジョブズより上に遺産相続者が一〇人以上いる(それでも噂によれば、同誌は遺産をできるだけ低めに見積もるような計算方式を採用しているらしい)。

それだけではない。資産が一定水準を超えると、その増え方は企業経営者の収入よりもはるかに速いペースで、というよりも爆発的に、増えるようになる。一九九〇年から二〇一〇年にかけて、ビル・ゲイツの資産は四〇億ドルから五〇〇億ドルに、リリアンヌ・ベタンクールの資産は二〇億ドルから二五〇億ドルに増えた。どちらも、年平均一三%以上、インフレを差し引いても実質一〇~一一%増えた勘定である。

彼らのケースは極端にしても、一般的にも資産は大きいほどハイペースで増える。中規模な資産は年平均三~四%しか増えないし、もっとささやかになれば、さらにペースダウンする。たとえば"Livret A"と呼ばれる非課税貯蓄口座(*2)の利率は現在二・二五%だから、インフレを差し引くと〇・五%以下になってしまう。だが巨額の資産であれば、投資リスクを冒すこともできるし、運用のプロを雇うこともできる。このため実質的な投資収益率は七、八%に跳ね上がり、最大級の資産ともなれば、持ち主の才能や職業的能力のいかんにかかわらず、あっさり一〇%以上に達する。要するに、金は金を生むのである。

このことは、さまざまな政府系ファンドにも、また大学の基金にも当てはまる。北アメリカでは、寄付による基金が一億ドル未満の大学の場合、一九八〇〜二〇一〇年の投資収益率は年五・六％だった（インフレ調整済み、すべての運用費用差し引き後だから、これはこれで悪くない）。これに対し、一億〜五億ドルの基金の投資収益率は年六・五％、五億〜一〇億ドルでは七・二％、一〇億ドル以上では八・三％である。そして御三家ハーバード、プリンストン、イェールの場合には、一〇％近かった（この三校はいずれも、一九八〇年の時点ですでに寄付金総額数十億ドルを誇り、二〇一〇年にはビル・ゲイツやリリアンヌ・ベタンクールにひけをとらない数百億ドルに達している）。

財産が増えるからくりは単純だが、そのすさまじさは好ましくない。この傾向がいつまでも続くと、富の分布ひいては経済的影響力の格差はますます拡大し、二極化するだろう。これを食い止めるには、累進制のグローバル資産課税が望ましい。未来の起業家を優遇するために、少ない資産に適用する税率は低くする。一方、勝手に増えていくような巨額の資産には高い税率を設定する。だが現状を見渡す限り、もしこれが実現するとしても、はるか先になりそうだ。

＊1：フォーブス二〇一〇年世界長者番付によると、ビル・ゲイツは二位、リリアンヌ・ベタンクールは一五位、スティーブ・ジョブズは一一〇位である。ちなみに上位五位は、カルロス・スリム（テレフォノス・デ・メヒコ）、ビル・ゲイツ、ウォーレン・バフェット（バークシャー・ハザウェイ）、ベルナール・アルノー（LVMH）、ラリー・エリソン（オラクル）だった。

＊2：Livret A は、一八一八年に誕生した非課税の貯蓄貯金である（"livret"は「通帳」の意味）。二〇〇八年の規制緩和により郵便貯金銀行を含む大手銀行で取り扱いが始まり、人気となった。上限は一万五三〇〇ユーロ。Livret A の金利は、過去三カ月の欧州銀行間取引金利EURIBORとフランス国立経済統計研究所の発表する物価指数に基づいて設定される。

58 なぜヨーロッパで債務危機が起きるのか

二〇一一年一一月二二日

残念なメルケル＝サルコジ体制は、ヨーロッパを撃沈させる寸前まで来ている。この二人組が毎月のように首脳会談を行い「恒久的な解決」なるものを発表するようになってから二年になるが、そのたびに二、三週間後には、事実が発表を裏切るということが繰り返されてきた。先月の二七日には、ユーロ危機から脱出するために、中国とブラジルにまでお金を貸してくれと呼びかけた。この痛々しい支援要請は、サルコジの五年の任期において政治的無能力と経済的無知を最大級に暴露したものと言えよう。何と言ってもヨーロッパは、世界で最も裕福な経済圏なのである。それがなぜ、最貧国に支援を求めなければならないのか……。

ＥＵのＧＤＰ合計は一二兆ユーロ（ユーロ圏に限れば九兆ユーロ）を上回るのに対し、中国は四兆ユーロ、ブラジルは一・五兆ユーロだ。しかもＥＵの家計部門は五〇兆ユーロの富を保有している（うち二五兆ユーロは金融資産）。これは中国の外貨準備高（二・五兆ユーロ）の二〇倍、ヨーロッパ自身の公的債務残高（一〇兆ユーロ）の五倍に相当する。つまりヨーロッパには、公的債務問題を単独で解決する手段がたっぷり備わっているのである。各国が聞き分けのない子供のようにふるまうのをやめ、ザルのような徴税体制を見直しさえすれば。

それよりも重大なのは、国債金利である。今日のヨーロッパの公的債務は、アメリカ、イギリス、日本よりも少ない。にもかかわらず、債務危機に見舞われているのはヨーロッパである。フランスの国債金利は、現時点で四％近い。しかもこの先、五％、六％、あるいはもっと上がるかもしれない。一方、アメリカとイギリスと日本は二％程度しか払っていない。なぜか。ヨーロッパの中央銀行だけが、政府による政治・経済の両面の後ろ盾を持っていないからである。このため欧州中央銀行（ＥＣＢ）は、最後の貸し手として市場を鎮静化する役割を十全に果たすことができない。ゆえにフランスは、公的債務残高がイギリスより少ないにもかかわらず、イギリスよりはるかに多い金利を払う羽目に陥っている。ユーロ圏は加盟国を守るために存在するのではなかったのか。加盟国をいっそう脆弱にし、財政問題を一段と深刻化させることが目的ではなかったはずだ。

では、どうしたらいいだろうか。緊急に必要なのは、公的債務の共同管理を望む国（その筆頭にフランスとドイツを挙げておこう）が新しい協定を結ぶことだ。それと引き換えに、財政上の決定をユーロ圏の単一の政治主体に委ねる。おそらくそれは、強い権限と法的根拠のある連邦政府のようなものになるだろう。そのような連邦政府はどうあるべきか、ということこそ問題の核心であり、真剣に討議しなければならない。

ひとつ確実に言えるのは、各国首脳の間で互いの利害を主張して小幅の譲歩や妥協を重ねるやり方は、もう打ち止めにすべきだ、ということである。いまだに未発効の欧州憲法条約を協議した際に、彼らは欧州理事会こそが最終決定権を持つ議会として機能しうるのだと信じさせようとした。だが、そうではないことはあきらかだ。かといって、欧州司法裁判所に財政的な決定権を付託するのもまちがっているだろう。現時点でいちばんよさそうなのは、欧州議会に委ねることだ――と言うのも、欧州議会は真に民主的な唯一の機関だからである。しかし欧州議会はこれまでのところ財政や金融に関与したことはない。加えて、欧州議会はＥＵ加盟国で構成されており、通貨同盟に加盟していない国も参加している。

最近ひんぱんに話題にのぼるのは、各国議会の財政・社会保障関連委員会のメンバーを集めて新しい議会を発足させるというアイデアである。この「欧州上院」は欧州債務管理庁（ＥＤＡ）の上位に位置づけられ、公的債務に関して最終決定権を持ち、毎年の公債発行限度額を決定する。この方式には、欧州議会よりも的を絞った議論ができること、決定事項を国に持ち帰って政治指導力を発揮できる人間の集まりであること、といったメリットがある。

これはなかなかよいアイデアであり、すみやかに具体案を練り上げて真剣な検討に入るべきである。議員の数や割り当て、採決方法など、こまかい運営方法についても提案に含めることが望ましい。いずれにせよ公的債務の相互化に関しては、当面は希望国だけで試験運用し、徐々に参加国を待つのがよいだろう。

ことを進めるに当たって、どうせドイツは強硬に反対するだろう、と頭から決めてかかるべきではない。実際にはドイツは、グローバル資本主義に立ち向かうには自国だけでは無力であることにとっくに気づいている。それに、連邦制への移行に関する検討も、フランスよりだいぶ前から始めている。たとえばドイツの五賢人委員会と呼ばれる経済諮問委員会（経済学者で構成される首相直属の諮問機関）は、ＧＤＰ比六〇％を超えた部分の各国債務を償還基金に移管する提案を一一月九日にしているし、キリスト教民主同盟（ＣＤＵ）は、欧州委員会の委員長を普通選挙で選ぶことを一一月一四日に提唱している。いまや首脳会議にこだわり、自分の権限の縮小を拒絶しているのは、ほかならぬわれらが大統領だと見られているのだ。サルコジが問題の深刻さに気づき、適切な決定を下すことを願うばかりである。

59 保護主義は奥の手

二〇一一年一二月二〇日

なぜ経済学者の大多数は、自由貿易を信奉しているのだろうか。それは、学校でこう教わるからだ――各国が互いに比較優位を最大限に活用するためには、まずは自国が最も大きな富をもたらしうるものの生産に専念するほうが効率がよい。このとき、自由な競争市場であることが条件となる。次に貿易で得た利益を、必要に応じて税金や公明正大な所得移転によって、国内で公平に分配する、と。そして経済学を学ぶようになると、こう教わる。効率的な再分配とは税による再分配である。市場と物価はそれぞれにまかせ、できるだけ歪みをもたらさないようにする（これがあの有名な「完全自由競争」である）。再分配は、どうしても必要な場合に限って行う、云々。

このうるわしい筋書きは、けっしてまちがってはいない。それどころか、完全に正しい。それでも、自由貿易が重大な問題をもたらすことは否定できない。過去三〇年の間に、主にこの経済理論の下でモノとサービスの貿易は大幅に自由化された。ところが、「次に」の部分、つまり税による公平な再分配はいっこうに実現しない。それどころか税の取り合いの結果、過去数十年かけて忍耐強く確立されてきた累進性が次第にゆるやかになっている。その恩恵に与《あずか》っているのは言うまでもなく最富裕層で、この層に課される税金は大幅に減った。しかも貿易自由化とグローバリゼーションで最も潤っているのは、彼らなのだ。低所得層にとっては、給与は頭打ちで雇用も厳しい状況の中、社会保険料の負担と消費にかかる税金がともに増えた。自由化の実りを公平に分かち合うどころか、税による再分配は不平等を一段と助長する傾向がある。

するとこんなことを言う人がいる。おやおや、それはたいへんだ。だからと言って、何ができよう。有権者がいまの政権を選んだ結果として税による再分配が減ったのだから、そのことを悔やむべきだろう。それにしても関税障壁を復活させたがる人はいまい。そんなことをしたら、すでに低迷している経済を一段と後退させることになる……。

たしかに。よく見るとわかるが、無条件の貿易自由化と税のダンピングはいくらか関係がある。われわれは見返りを何も求めずに政府を無防備にしてしまったのだ。輸入関税と輸出補助金を禁止することによって、国はGDPを増やすために別の手段を講じなければならなくなった。その代表格が、外国投資や特定事業などに対する優遇税制（これらはもちろん、完全に正規の手続きを踏んで導入されている）である。そのうえ、金融サービスと資本取引が自由化された結果、企業のレベルでも個人のレベルでも税逃れが容易になった。しかるべき国際協調を行わない限り、各国が自律的な税政策をとる能力はひどく限られてしまうことになる。

その端的な例が、二〇〇五年のEU貯蓄課税指令である。この指令によって、ついに国外の預金口座に保有する資産とそれに付される利子の情報が、口座名義人の居住国の租税当局に自動的に提供されるようになった、はずだった。ところがルクセンブルグとスイスは、この指令を全面的に適用したわけではなかったのである。それどころかスイスは適用除外の延長を個別に交渉し、完全に合法的に、スイスの銀行における口座名義人の情報開示を回避したばかりだ。しかも指令自体、対象が銀行預金と債券に限られており、国外で運用される金融資産の重要部分（とくに株式投資口座）が除外されている。

この状況は、ぜひとも変えなければならない。友好的な首脳会議や共同声明などでは役に立たない。狭くはタックスヘイブン（租税回避地）を屈服させ、広くは常軌を逸したグローバル資本主義に歯止めをかける経済・社会・環境規制を導入するためには、制裁措置を伴う何らかの強固な手段が必要だ。ヨーロッパ各国が政治の場で聞き分けのない子供のようにふるまうのをやめて一枚岩になるなら、禁輸や保護主義といった強硬手段に訴える必要もなくなるはずだ。言うまでもなく、そのほうが望ましい。というのも保護主義は、警察と同じで、基本的に抑止力にとどまるべきものだからだ。国はこれを奥の手としてとっておくが、利益の源泉とはしない（この点は、グローバリズム反対論者が考えていることとはちがう）。しかし、何の規制も導入せずにＥＵの深化拡大をめざすなら、過激なナショナリズムが再燃するリスクを冒すことになる。

第4部
（二〇一二～二〇一四年）

経済成長はヨーロッパを救うか

60

累進制の一般社会税vs社会保障目的の付加価値税

二〇一二年一月一七日

たしかな筋の情報によると、政府は明日開かれる政労使会議(*1)で、社会保険料の使用者負担のかなりの部分を付加価値税(VAT)と一般社会税(CSG)に移転する発表を行うらしい。フランス企業運動(MEDEF)(*2)が昨年一一月に提出した案をそのまま採用するのだとしたら、使用者負担分から五〇〇億ユーロ近くを付加価値税に移し(労働コストを切り詰めるため)、給与所得者の負担分から二〇〇億ユーロ以上を一般社会税に移す(手取り給与額を増やすため)ことになるだろう。これは、選挙直前になって、付加価値税の引き上げを国民が受け入れやすくするための措置と考えられる。

大統領の地位を何としても失うまいと、サルコジがなりふりかまわず奥の手を出してきたわけだ。土壇場でのこのような行動を目の当たりにした左派は、サルコジの毎度のぐらつきを非難するだけで満足してはならない。社会保障の財源確保は、きわめて重大な問題である。野党勢力はこの機会を捉え、税制を巡るここ二週間の応酬に決着を付けるべきだ。そのためには、右派よりも公平かつ効率的で具体的な代案を出し、社会保障制度を適切に運用する用意があると国民に示すことが望まれる。

すでに指摘したとおり、フランスの社会保障制度の最大の問題点は、民間部門の給与に極端に依存していることである。年金、失業保険といった代替的な所得の財源に充当する分については、容認できる。しかしフランスでは、医療保険や家族手当といった社会保障の財源まで、これでまかなわれている。なお医療保険と家族手当の給与負担分については、一九九〇年から一般社会税への段階的移行が進められており、問題の一部は解決済みだ。一般社会税は、あらゆる所得に課税できるという点がすぐれており、きわめて効果が大きい。一ポイント引き上げれば、一二五億ユーロ近い歳入増が見込める（民間部門の給与所得から五五億ユーロ、公務員から二〇億ユーロ、自営業者から一〇億ユーロ、年金等代替所得生活者から三〇億ユーロ、いわゆる不労所得［利子、配当、賃貸料など］生活者から一〇億ユーロ）。これで、給与の負担を大幅に軽減できよう。

だが、最大の重荷を押し付けられている使用者負担分については、何も手が打たれていない。現在、医療保険の使用者負担率は一二・八%、家族手当については五・四%、合計で一八・二%となっている（これに住宅建設支援負担金、職業訓練負担金などの二〇%が加わる）。これらを民間企業にのみ負担させるべき理由は何もない。

この使用者負担分は、金額で言えば一一〇〇億ユーロを上回り、所得税収の二倍に達するのだ。これほどの額を付加価値税に移すのは、現実的ではない。たびたび主張してきたように不当であるうえ、付加価値税の課税ベースが小さいことも指摘しておかねばならない（付加価値税をまるまる一ポイント引き上げても税収増は六〇億ユーロに届かず、一般社会税を一ポイント引き上げた場合の半分以下である）。これは一つには、軽減税率が存在するためだ（この措置は、高くつく割には消費促進効果に乏しい）。また、多くの消費、とくに不動産取引・賃貸、金融取引が課税対象になっていないこと、最富裕層は所得のごく一部しか消費しないことも原因である。

MEDEF案では、付加価値税を二五%に引き上げるという（同時に、軽減税率も一二%に引き上げる）。これで、使用者負担のうち医療保険の二・一ポイントと家族手当負担分五・四ポイントの合計七・五ポイントを移転できる。この計算で行くと、全部移転するためには付加価値税を三五％以上にしなければならない。これでは購買力が大打撃を受けてしまう。付加価値税は他の間接税と同じく無差別に課税され、低所得層を免除するというわけにいかない。以上のように、「社会保障目的の付加価値税」は、問題の解決にはならないのである。

これに対して一般社会税は、使用者負担の改革にはるかに適していると言えよう。ただし、二つ条件がある。第一に、拠出金がなくなる分だけ、使用者が既存従業員の税込み給与を引き上げることを法律で義務づけなければならない。税込み給与でみた労働コストの軽減効果は、新規雇用する従業員とベースアップ分にのみ発生するのであって、すでに雇用している従業員に負担させてはならない。第二に、一般社会税を累進制にしなければならない。フランスはあまりに長い間これを避け、低所得層のための場当たり的な軽減措置を講じて済ませてきた。たとえば年金と一定額以下の失業手当は一般社会税を免除されるか、軽減税率が適用される。低給与所得者は、勤労奨励手当（ＰＰＥ）という形で一般社会税の半分から四分の三を還付される（ただし納付の一年後）、という具合である。この煩雑な例外措置を廃止して、すべての所得に同じ方式で累進課税を適用すべきだ。たとえば、税収一二〇億ユーロを確保するためには、すべての所得に一％課税するか、税込み月次給与が二〇〇〇ユーロ以下には〇％、二〇〇〇～四五〇〇ユーロには一％、四五〇〇ユーロ以上には二％、というふうにすることができる。税の効果と再配分の公平性を両立させたいなら、「累進制の一般社会税」が正解であって、「社会保障目的の付加価値税」ではない。

＊1：政府、労働組合、経営者団体の代表が出席する。労組は共産党系の労働総同盟（CGT）、社会党系の民主労働総連合（CFDT）、保守中道のキリスト教労働同盟（CFTC）、反共系の労働総同盟・労働者の力（CGT－FO）、保守中道のフランス幹部職総同盟（CFE－CGC）の五組織、経営者団体はフランス企業運動（MEDEF）、中小企業総連盟（CGPME）、手工業者連盟（UPA）の三団体である。

＊2：MEDEFは最高経営責任者の団体で、日本の経団連に相当する。

61

フランスとドイツのちがい

二〇一二年二月一四日

二〇一一年の経済指標が発表された。心配されていたフランスの貿易収支はいまや七〇〇億ユーロの赤字で、GDP比三%を上回る。一方、ドイツの巨額の貿易黒字はなんと一六〇〇億ユーロだ（同国GDP比で六%以上）。一九五〇年以来、フランスの貿易赤字がこれほど大きくなったのは初めてのことだ（従来の記録は一九八〇〜八二年だが、それでもGDP比二%だった）。そして一九五〇年以来、ドイツの黒字がこれほど大きくなったのも初めてのことである（ちなみに中国の貿易黒字でさえGDP比三%程度である）。

とはいえ右派が政権に復帰した二〇〇二年の時点では(*1)、フランスもドイツも貿易黒字がGDP比二%、失業率は八%、財政赤字はGDP比二%と、経済指標に大差はなかった。一九八〇〜二〇〇二年のフランスの貿易収支は、おおむね均衡していたのである。ところが現在では、フランスの失業率は一〇％に達し（ドイツは六％）、財政赤字はGDP比五％（ドイツは一％）という大差がついてしまった。

フランスでは、経営手腕にすぐれるとされる右派が政権を担当して一〇年になる。ところが彼らの経済面の成績は目を覆うばかりだ。生産は低迷、教育とイノベーションは放置される一方で、残業手当の課税減免にばかげた支出をしている。そのうえ、国民運動連合（UMP）の献金者を利するような優遇税制の財源として、国庫から公然と浪費が行われている。じつに前代未聞の出来事だ。二〇〇七年から一二年にかけて国民の富は二〇％増えているにもかかわらず、二〇一二年の富裕税の税収は、二〇〇七年と比べると大幅に少ないのである。債務危機のさなかに、このような無駄遣いは許されない。この場合、「前政権の責任だ」というお決まりの言い訳は通用しないため、政府は失業者（五〇〇万人近くが職業安定所に登録しているが、これまた史上最高記録である）や移民に責任を転嫁している。おまけに大統領が嘘つきで、国民の前でのべつ即興で嘘を披露するとあっては、結論はあきらかだ。大統領が交代する方が国民の健康によろしい。

ただし、この懸念すべき経済状況では、左派が大統領になるにしても大胆な決断力と想像力が求められる。何よりもまず、ヨーロッパ全体の政治について、そう言える。

もちろん、独仏の差がこれだけ開いたことについては、ドイツにも責任がある。ドイツは内需を極端に抑えるなど（賃金は二〇〇二年以降GDP比で五％減となっている）、EUとして容認できないような戦略をとってきた。貿易黒字が毎年GDP比六％だとすれば、ドイツはCAC40株価指数[*2]の構成銘柄を五年間でそっくり買い占められる計算だ。あるいは、パリの不動産を全部買うこともできる（一区画当たり八〇〇〇億ユーロで計算）。これほど巨額の外貨準備を持つ必要はないはずだ。それに、これだけ不均衡が大きいと、通貨同盟は機能しない。

だがフランスにとっても、ドイツにとっても、常軌を逸したグローバル金融資本主義の手綱を再びとるためには、統合された強いヨーロッパが必要である。そしてそのためには、成長戦略、ユーロ共同債、「欧州上院」の設置などを含めて、新たな欧州条約の構想が望まれる。欧州政治を深慮熟考する点でフランスよりはるかに先行しているドイツには、筆者からのこのメッセージをぜひまじめに受けとめてほしい。

一方のフランスの責任も重大である。選挙運動中にオランド候補が、三〇〇億ユーロの追加的な歳入を確保して財政均衡を実現すると述べたのは称賛に値する。だが構造改革の具体的な計画は、いまのところ彼の公約には含まれていない。前回のコラムで述べたとおり、フランスの社会保障の財源は民間給与に依存しすぎており、抜本的な改革が必要である。四〇％にも達した使用者負担率のうち正当化できるのは、半分に当たる年金保険料と失業保険料だけであり、残りの医療保険、家族手当、住宅建設支援負担金、職業訓練負担金などは、もっと広い課税ベースを対象とすべきである。そのためには、付加価値税（VAT）より公平かつ効率的な、累進制の一般社会税（CSG）が望ましい。

そもそもフランスの税制は古色蒼然としており、複雑すぎるうえ、改定がめまぐるしくて、誰にとっても予測不能である。これを早急に簡素化・近代化しなければならない。たとえば所得税の源泉徴収を行っていないのは、ヨーロッパ広しといえどもフランスだけである。今回の選挙で税制改革担当に指名されたジェローム・カユザックの熱弁によれば、こうだ。サルコジは五年の任期中に何もせずに終わろうとしており、これほどの改革に取り組むにはまだあと何回もの任期が必要らしい。だが近隣国は、まだコンピュータもなかった時代にたった一年でやってのけているのだ、云々。なるほどその通りだが、これでは具体的とは言いがたい。

また年金制度も抜本的な改革を行い、職業別のさまざまな制度を統合し、安心して転職しキャリア形成ができるようにしなければならない。同時に職業訓練の権利を積み立てられる個人口座制度(*3)を導入し、転職後も権利を失効させないことが肝心だ。オランドは、敵失に乗じて易々と政権交代ができると考えるべきではない。

＊1：このときの大統領は二期目のジャック・シラク、首相はジャン＝ピエール・ラファランで、ともに中道右派の国民運動連合。ちなみにシラクの一期目後半は、首相が社会党のリオネル・ジョスパンという保革共存政権だった。

＊2：CAC40株価指数は、ユーロネクスト・パリ市場の上場銘柄のうち、時価総額や出来高の大きい代表的銘柄四〇種で構成される。調整時価総額の加重平均指数で、一九八七年年末時点を一〇〇〇とする。BNPパリバ、サノフィ・アベンティス、アクサ、ソシエテ・ジェネラル、ヴィヴエンディ、ダノン、ミシュラン、ロレアル、ルノーなど。

＊3：フルタイムの労働者が同一企業に一年以上勤めた場合、年間二〇時間まで職業訓練を受ける権利が生まれる。職業訓練にかかる費用は原則として雇用主が負担し、訓練中の賃金も一部または全額が支払われる。個人口座制度というのは、この職業訓練を受ける権利の時間を累積する口座を各人が持つ制度で、結局二〇一三年になってから労使が合意した。一人ひとりが退職するまでこの口座を維持し、完全なポータビリティーが確保される。

62 大学――サルコジの嘘

二〇一二年三月一三日

もうすぐ終わろうとしている五年の任期の間にサルコジはあつかましくもたくさんの嘘をついたが、そのランキングを発表するなら、ダントツの一位は高等教育・研究機関に関する嘘である。「優先課題中の優先課題」「国家の大義」「かつてない大型予算」等々、サルコジのぶちあげたはなばなしいスローガンは枚挙にいとまがない。こうした口約束を次々にして、国家の中心的課題として人的資本に投資することを国民に確約し、メディアを信用させたのである。

だが大学はどこも大統領の交代を叫んでおり、対立候補に投票することはほぼ確実だ。なぜか。高等教育・研究機関は左翼思想に凝り固まっていて、せっかく保守政権がよい政策を講じて潤沢な予算を配分してくれたのに、後足で砂をかけるような忘恩の徒なのだろうか。それとも、世間が呆れ果てるほどのずうずうしさでサルコジがまたもや嘘をついたのだろうか。事実を見る限りでは、後者だと言わざるを得ない。サルコジは嘘つき大統領である。

財政法と予算の大筋を思い出してほしい。二〇一二年の高等教育・研究機関向け予算は総額二五四億ユーロ（GDP比一・二％）だった。このうち約半分の一二五億ユーロが高等教育機関と研究大学校に配分された。これが、管轄官庁にかかわらず高等教育・研究機関に割り当てられる全額である。残りの半分は、学生支援に二二億ユーロ、各種研究機関（国立科学研究センター、国立研究機構、国立農学研究所、国立保健医学研究機構、国立宇宙研究センター、原子力研究センターなど）に一〇七億ユーロである。

サルコジが大統領に就任した二〇〇七年の時点では、予算配分はおおむね同じだが、高等教育・研究機関向け予算は二一三億ユーロで、うち一〇七億ユーロが高等教育機関と研究大学校に配分された。つまり五年間で、予算総額は一九・二％増、高等教育機関と研究大学校に関しては一六・八％増ということになる。ただし、インフレ率を勘案しなければならない。二〇〇七年一月から二〇一二年一月にかけてのインフレ率は九・七％に達するから、予算の増分は五年間でわずか七〜八％になってしまう。つまり年一％強だ。それでも、同時期のＧＤＰの伸び率よりはましであることを慰めとしようか……。だが、学生数を忘れてはいけない。学生の数も五年間で約五％増えているのだ（二二〇万人から二三〇万人へ）。すると、計算結果ははっきりしている。サルコジの五年の任期の間に、立派な演説はさんざん聞かされたが、人的資本への投資はほぼ横這いだったということである。

そのうえ貴重な新規の予算は、いくつかの拠点だけに集中投下されている。研究・高等教育拠点（ＰＲＥＳ）、ラボラトリー・オブ・エクセレンス（ＬＡＢＥＸ）、イニシアチブ・オブ・エクセレンス（ＩＤＥＸ）、高機能の研究設備の購入・維持資金を支援するエクイップメント・オブ・エコノミクス（ＥＱＵＩＰＥＸ）等々、新奇な名前の受け皿が多すぎて、いくら予算を増やしたところで追いつかない。そこで予算を配分する対象は、複雑化し官僚的になる一方の入札を経て選抜されることになる。そしてゆきがかり上、巨大でおそらくは管理不能な施設が作られる。たとえばパリ大学ＩＤＥＸの学生数は、それぞれ一〇万〜一五万に達する――ハーバードやマサチューセッツ工科大学（ＭＩＴ）やスタンフォードが四万人以下だというのに。これで、フランスの学生の質がアメリカの三倍に達すると本気で信じる人がいるだろうか。

これでは基本予算の額が大幅に減ってしまうのも無理はない。それに大学教授はちゃんと計算ができるし、自分たちの予算が削られ、ポストが減っていることにも気づいている。もっと報酬を払ってくれる国に行こうとか、あるいはそもそもフランスには行くまい、という選択をする人も少なくない。だから、大学の先生たちがもううんざりだと考えるのも、無理はない。

いずれにせよ、このやり方では教育先進国との距離を縮めることはできない。研究機関に割り当てるべき予算を学生に配分したものの（効果のほどは大いに疑わしいが）、フランスの学生に対する国家支出は、一人当たりわずか一万ユーロにとどまっている。これに対してアメリカは三万ユーロ以上だ。この調子で行ったら、何世紀かかっても彼我の格差は埋まるまい。不平等化を助長するアメリカの政治・社会モデルは失敗だった、と最近よく言われるが、しかし同国はこの人的資本への投資によって、経済的優位性と知的・文化的影響力を維持しているのである。この点を見落とすべきではない。

フランスが二一世紀の国際社会における立ち位置を見つけるには、人的資本への投資を優先課題としなければならない。六〇億ユーロあれば、すべての大学と学校で予算をいまの一・五倍にすることができる。残業手当に対する課税減免措置に年間六〇億ユーロも支出したり、富裕税や相続税のプレゼントをしたりするよりも、はるかに有効に未来への準備ができるのである。大統領選挙では、この問題への具体的な取り組みを明確にしてもらいたい。

63

フランソワ・オランドはヨーロッパのルーズベルトになれるか？

二〇一二年五月八日

フランソワ・オランド新大統領(*)は、ヨーロッパのルーズベルトになれるのだろうか——そんな質問をしたら読者に笑われるかもしれない。だが、状況の重み、出来事の重みは、往々にして政治家に過大な役割を割り振るものだ。ルーズベルトが一九三三年に大統領に就任したときは、自分がどんな政策をとることになるのか、はっきりとはわかっていなかっただろう。だが一九二九年の大暴落とその後の危機の中で、緊縮財政を採用したらアメリカ経済が疲弊してしまうことを見抜き、常軌を逸した金融資本主義を再び政府がコントロールすべきだと理解した。

グローバル金融危機発生から四年が過ぎたいま、オランドはルーズベルトと同じような状況に置かれている。選挙運動を開始した時点では、一〇〇万ユーロ以上の所得に七五％の税金をかけることになるとは夢にも思わなかっただろう。だがオランドはすぐに、ルーズベルトと同じ結論に達した。度を超した高所得に歯止めをかけられるのは税金という武器しかない、ということである。

とはいえフランスの大統領としてオランドがいま取り組むべき重要課題は、言うまでもなくヨーロッパである。中でも最も重要なのは、現在の債務危機からどうやって抜け出すか、ということだ。一つはっきりしているのは、パイプラインや輸送インフラなどへの投資リスクをカバーするささやかな「プロジェクト債」を自画自賛していたら、いつまでたっても危機は終わらない、ということである。もちろん、プロジェクト債が何の役にも立たないとは言わない。だが問題の本質は別だということを忘れてはならない。いわゆる公的債務の相互化の方向で考えない限り、またぞろどこかの国が債務危機を引き起こすことは火を見るより明らかだ。一七の加盟国がそれぞれに金利の異なる国債を発行し、それに対して市場が自由に投機を仕掛け、しかもどの国にも自国通貨を切り下げて対抗するという荒技を使えない状況では、単一通貨は機能しない。このシステムは、すでにギリシャを悲劇に追いやった。そしてしまいには、ユーロそのものを消滅させかねない。

フランスは、どうせドイツが反対するから議論するだけ無駄だ、と言うのをまずやめることだ。めざすべき最終目的地をはっきりさせることは、どんな場合にも望ましい。いずれ達成すべき目標とその時期を示すだけであっても、である。それにドイツは、フランス人が言いたがるほど保守的ではない。責任あるヨーロッパ指導層の多くは、左派だけでなく右派も、フランスの新大統領が大胆な提案を俎上に載せることを期待しているのだ。これはほんとうのことである。

実際、欧州議会で中道派の欧州自由民主同盟の会派代表を務めるギー・ヴェルホフスタット（元ベルギー首相）は、長期金利を継続的に押し下げるには債務の相互化しかないと明言している。アメリカの連邦準備制度理事会（ＦＲＢ）が、ワイオミング州債かテキサス州債のどちらを買い入れるか毎朝選んでいたら、安定的な金融政策を実行することはむずかしい。欧州中央銀行（ＥＣＢ）はこれに類したばかげた状況に置かれている以上、金融の安定化に十分な役割を果たすことはできない。この手詰まり状態のまま、相も変わらず壮大な無駄遣いが発明されている。たとえば一〇〇〇億ユーロを民間銀行に注入し、銀行が国家に貸すことを期待するとか、ＩＭＦにお金を貸す見返りにＩＭＦから融資してもらう……等々である。

いくつかの具体案はすでに提示されている。一つはドイツの五賢人委員会と呼ばれる経済諮問委員会（経済学者で構成される首相直属の諮問機関）が提言した案で、GDP比で六〇％を超えた部分の各国債務を償還基金に移管するというものだ。もちろんそこにはドイツ国債も含まれる。また、短期国債を共通化するという案も出ている。これらの案について決定を下し、前へ進むべきだ。

とりわけ望まれるのは、政治同盟の問題に結論を出すことである。ドイツの元外務相兼副首相ヨシュカ・フィッシャーは、各国議会の財政関連委員会から代表議員を送って「欧州上院」を設置する提案をしている。各国議会を基盤とするこの新しい議会は、債務管理に関する最終決定機関として機能し、民主的な公開討論を経て共同債の発行量を決定する。「欧州上院」には、欧州議会に比べ財政に的を絞った論議ができ、議会の決定を各国に持ち帰って政治的責任を果たせる人間で構成されるといったメリットがある。これは、各国の主権を尊重しつつ、ヨーロッパ流の「欧州連邦」を実現する独創的な方法と言えるだろう。

以上の問題について、ヨーロッパはフランソワ・オランドに大いに期待している。いまこそ、最初の一歩を踏み出す時だ。

＊：大統領選挙は二〇一二年四月二二日に第一回投票が行われ、オランドが得票率二八・六三％の一位、現職のサルコジが二七・〇六％の二位となり、この二人が五月六日の決選投票に臨んだ。決選投票ではオランドが得票率五一・六二％、サルコジが四八・三八％でサルコジを破った。社会党の大統領の誕生は、一九九五年に退陣したフランソワ・ミッテラン以来である。

64 なぜ連邦制か

二〇一二年七月四日

ヨーロッパの指導者は先週金曜日にブリュッセルに集まり、重要な選択を先送りにしてわずかばかりの時間稼ぎをしただけで終わった。残念ながら、銀行同盟発足の見通しは相変わらずはっきりしない。ユーロ共同債の問題も、取り上げられなかった。理由ははっきりしている。ユーロ共同債の実現につながる政治・財政同盟について、フランスが具体的な提案を何もしなかったからだ。ユーロ圏の危機が始まってから三年が経つというのに、弥縫策《びほうさく》を重ねるうちにまだ乗り越えられるつもりらしい。いや少なくとも、国民にそう信じさせたいらしい。かくして最後のチャンスだったユーロ圏首脳会合は、記者会見と勝利宣言とともにおごそかに終わった。

難題は手つかずで残されたままである。ヨーロッパ連邦制の現実的な青写真はどうなったのか。ユーロが現在の形で存続できないことは、誰もが気づいている。だが、連邦制への飛躍はおそろしい。その気持ちはわからなくもないが、だからこそいますぐ討議を始めることが必要だ。十分に話し合いを重ねて、恐怖心や抵抗感を一つひとつ解消していかなければならない。

経済学者のブルーノ・アマーブルは、リベラシオン紙六月一八日のコラムで、連邦制への移行は社会を守るうえで「致命的」だと述べている。アマーブルのとんでもない主張は次のとおりだ。ヨーロッパの社会保障制度は脆弱である。各国の社会保障制度は国内の妥協の産物であり、国民国家の枠内で辛抱強く連帯的価値を形成してきた末にようやく構築された。これを広大な連邦国家の枠組みに取り込むのは危険だ。連邦国家の内部では、民族・人種的対立や、国同士の対立がしばしば階級的対立に発展する。具体例を挙げるなら、アメリカが福祉国家にならなかったのは、黒人のために払いたくなかったからだ。ヨーロッパ連邦も、ギリシャ人のために払いたくないとすれば、解体の憂き目に遭うだろう、云々。

この主張の弱点を指摘しよう。ヨーロッパ連邦を創設したとして、万事を統一し、万事を共有しなければならないという謂《いわ》れはどこにもない。ルールは単純だ。一国ではできないことは共同でやりましょう、ということである。それ以上でもそれ以下でもない。各国の年金制度を統合するなどといったことは、必要もないし生産的でもない。フランスに関して言えば、すでに制度をさんざんいじくってひどいことになっている。この制度を連邦レベルに持ち上げたところで、制度が簡素化されたり議論がより公明正大になったりする可能性は低い。税の統合や小学校の水曜休業にしても同じである。これらは基本的に国内問題であり、国内で議論し対処するしかない。

その一方で、一国では対応し切れない問題もある。たとえば金融市場の規制やタックスヘイブン（租税回避地）の問題などがそうだ。こうした問題には、ヨーロッパ全体で取り組まなければ意味がない。グローバル経済の尺度で言えば、フランスにしてもドイツにしても、ギリシャやアイルランドより多少規模が大きいという程度にすぎない。単独では、投機家や詐欺師にいいようにしてやられてしまうだろう。これでは、ヨーロッパのすぐれた社会モデルを守るよい方法とは言えない。

ユーロ圏の公的債務の共同管理が急務だというのは、このためである。その目的は、各国の国債が絶えず市場の力にさらされて利回りがのべつ乱高下するのを防ぐことにある。また、多くの多国籍企業が税逃れをしている法人税についても、ヨーロッパ全体での対応が必要だ。この二点を、そしてこの二点のみを、連邦制の下で管理し、監督することが望まれる。

具体的には、今年五月のコラムでも述べたように、ユーロ圏の財政問題を扱う「欧州上院」の創設を提案したい。この議会は各国議会の財政関連委員会のメンバーで構成し、民主的な公開討論を経て多数決で採決を行う。毎年発行するユーロ共同債の上限は「欧州財務相」から提案し、この議会で決定する。欧州財務相はこの議会に対して責任をとる。しかし各国議会は、EU全体の収支やその内訳からは完全に自由である。仮にヨーロッパ全体として財政赤字を域内GDP合計の三％までと決めたら、各国は自国のGDP比で五〇％支出して四七％の税収を確保しても、四〇％に三七％でも、いっこうにかまわない。

このようなシステムを確立するためには、まずは一歩を踏み出そうという国が新たな条約を批准する必要があるだろう。だがそれは、けっして荒唐無稽な話ではない。政治的意志がありさえすればいい——とくにフランスに。ヨーロッパ連邦制がここ数カ月のうちに議題に上ることを期待したい。

65

優柔不断なオランド

二〇一二年九月二五日

オランド政権の滑り出しは、世間が言うほどひどいのだろうか。残念ながら、答はイエスだ。たしかに、政権を取り巻く情勢はけっして容易ではないし、新大統領たるもの、国民に前任者のほうがましだったと言わせるつもりもないだろう。それでもあらゆる案件について、新大統領は日和見主義と優柔不断を示しており、これでは先が思いやられる。

ヨーロッパの問題に関しては、通貨同盟を政治・財政同盟に格上げするための具体案を何も出さなかった。債務危機への唯一の備えとなりうる公的債務の相互化についても、ひたすら傍観している。その結果、ユーロ圏では再び緊縮政策をとらざるを得なくなった。信頼回復のためだとされているが、この政策が景気後退を深刻化させ、借金を増やすだけであることは誰もが知っているとおりだ。さらに、新財政協定の批準で時間を無駄にした。この協定がユーロ圏の構造問題を何一つ解決しないことは、すでに周知の事実である。フランスはいまや無用の飾り物であり、アンゲラ・メルケル一人が政治同盟について語り、具体案を提示している。メルケルの提案（普通選挙による欧州委員会委員長の選出）は、少なくとも形があるだけ立派だが、現状に即しているとは言いがたい（筆者の考えでは、ユーロ圏全体の民主的な「上院」の設置のほうが優先事項である）。しかもユーロ圏がもたついている間に世界は前進しており、未来に投資してヨーロッパに差を付けている。

国内に関しては、抜本的な改革はすべて先送りされた。「あらゆる改革の大前提になる」とオランドが選挙運動中に公言していた税制改革は、ぜひとも必要な大改革の代わりに小手先の細工に矮小化されている。フランスはだいぶ前から、所得税の源泉徴収を行っていない唯一の先進国である。だから、あと五年（大統領の任期は五年）そのままでもかまわない、ということらしい。フランスはまた、直接税の数が多く、それぞれの課税ベースは抜け穴だらけのくせに、互いに重なり合うという困った状態になっている。そこへ今度は、所得税の税率区分を新たに設け、課税所得一〇〇万ユーロ以上については税率を七五％にするという。こんな具合に税率区分や課税ベースがのべつ変更されるのでは、税理士がフランスの王様になることはまちがいない。

労働コストと競争力に関しては、大統領は社会保険料の重い使用者負担をこれ以上続けることはできない、民間の給与だけから社会保険料をとるわけにはいかない、とたしかに宣言した。そして、社会保障の財源をどうするか、もう一度報告を出させるつもりだという。なんと結構な考えだろう。どのくらい結構かと言うと、ジョスパンも一九九七年に同じことを思いついているのである。当時首相だったジョスパンは報告書を出すように命じ、一年後になって、問題はきわめて複雑であるから急いではことを仕損じる、という立派な結論に達した。今回はもうすこしましな結果になってほしいものだ。

フランスにとってきわめて重要な問題なだけに、なおさらである。改めて指摘すると、現在フランスでは、社会保険料の最終的な使用者負担率がおよそ四〇%に達している。つまり一〇〇ユーロの賃金を支払うために、実際には一四〇ユーロ以上が使用者の懐から出て行く（従業員が受け取るのは八〇ユーロである）。これはいくら何でも高すぎる。この四〇%のうち、正当な理由があると言えるのは半分だけで（年金保険料と失業保険料）、残り（医療保険、家族手当、住居税、職業訓練負担金等々）はその性質上、民間給与だけでなくもっと広い課税ベースから徴収すべきだ。たしかにいくらか是正はされており、法定最低賃金（ＳＭＩＣ）については、負担率はおおよそ二〇％に抑えられている。だが最低賃金を上回ると急上昇するしくみになっており、最低賃金の一・六倍になった時点ではやくも四〇％に達する。前政権は、最低賃金の二・一倍の水準まで負担率を二〇％にすることを決めており、これは方向性としては好ましい。したがって新政権にも、使用者負担率の引き下げを維持すること、ただし別の財源を見つけることを切に望む。そして最終的には、給与水準を問わず、使用者負担率を二〇％まで引き下げるべきである。

その財源をどうするか。繰り返し述べてきたとおり、社会保障目的の付加価値税（ＶＡＴ）は、正解ではない。負担率の引き下げをまかなえる水準まで付加価値税を引き上げることは不可能である。あまりに大幅な増税になって、購買力に深刻な打撃を与えるだろう。政府が検討中のエコ対応税率（環境を汚染しない商品については低い税率、そうでない商品には高い税率を適用する）は、もっと足りない。一、二ポイントは吸収できるかもしれないが、それ以上は期待できまい。財源として望ましいのは、一般社会税（ＣＳＧ）である。一般社会税の課税ベースは付加価値税よりはるかに大きいし、あらゆる所得に平等かつ公明正大に課税できる唯一の税金だからだ。ただし、完全な累進制にしなければならない。さもないと、年金生活者や低賃金労働者に重くのしかかることになってしまう。この矛盾を解決するには、税制全体の改革をするほかない。現段階では、政府がそれだけの勇気と意志を持っているとは思えないが、希望だけは持っておこう。

66

弁護の余地のない議員たち

二〇一二年一〇月二四日

議会改革(*1)はいつになったら実現するのか。見た限りでは、しばらくは期待できそうもない。どうも最近のフランスでは、何かを変えたり新しくしたりすることは、次々に先送りされる傾向にあるようだ。

世間はすでに、地方自治体の首長を兼務する社会党の国会議員が、任務のどちらかを選ぶという公約をいっこうに守ろうとしないことに気づいている(*2)。彼らは選挙前には、有権者の前で、遅くも九月末まではどちらを選ぶか明確にすると述べた。ところがどうだろう。いまになって、いちばん簡単なのは両方の職務を遂行することだとか、すべては法律の規定次第だなどと言い出した。そしてはやくも、国会での仕事を全うするためには地方に根を下ろしていることが大切だといった、言い尽くされた議論が蒸し返されている。だがヨーロッパには、公職兼職が定着している国はフランス以外に一つもない。そして、他国の議会がフランスよりお粗末だという証拠はどこにもないのだ。

そのうえ、議員の歳費の問題についても現状維持派が幅を利かせている。具体的に説明しよう。議員には、歳費として月額七一〇〇ユーロが支給される。これには税金がかかる。このほかにＩＲＦＭと呼ばれる議員経費が月額六四〇〇ユーロ支給され、こちらは非課税である。問題は、ＩＲＦＭの使途が何の検査の対象にもなっておらず、事実上収入の一部になっていることだ。乱暴に言えば、議員は何の申告もせず、追加の税金もいっさい払わずに、倍の給料をもらっているのである。他国とは異なり、フランスの議員は領収証などを議会に提出する義務がない。ＩＲＦＭは議員の個人的な銀行口座に直接振り込まれ、その用途には明確な規定が何もなく、上限もない。服や靴にいくら使おうが仕立屋にいくら払おうが勝手である。豪華なアパルトマンを借りてもいいし、レストランやパーティーで散財してもいい。議員がＩＲＦＭの支出内訳を公開したという話は聞いたことがない。要するに議員らしく威厳を保って使命を果たすのは、ひどく物入りであるらしい。

そのうえ国民議会の新議長に選出されたクロード・バルトローヌは、この制度を変えるなど問題外だと改めて強調した。フランスの議員はヨーロッパの他国と比べて報酬が少ないので、それを埋め合わせる必要があるのだという。このような主張を認めるわけにはいかない。月額七一〇〇ユーロはたしかにヨーロッパで最高の水準ではないが、一万三五〇〇ユーロ（しかもその半分近くは非課税）となれば、まちがいなく最高額である。月額七一〇〇ユーロが不十分だと言うなら、たとえば自分の選挙区のほかにパリに住居を構えなければならないなら、公の場でその必要性を訴え、完全な透明性の下に歳費を（すこし）増額すればよい。そして言うまでもなく、すべてのフランス国民と同じく、受け取る金額の全額を課税対象とすべきである。議員経費のこの不透明性は、ぜひとも排除しなければならない。

議員年金制度もそうだ。議員年金は、通常の年金に比べてひどく有利にできている。なにしろ、二〇年間拠出金を払えば年金を満額受給できるのである。ご存知のとおり、通常は四〇年だ。議員は二重に拠出金を払っているという言い訳がよく持ち出されるが、恥知らずな発言と言うほかない。拠出金でまかなわれるのは、年金のごく一部にすぎない。あとは国家が補助している——要するに税金が充当されているのである。

もう一つよく聞く言い訳は、議員という職業はリスクが大きく不確実だから、それを補う必要があるというものだ。ちなみに（企業売却時の）株式譲渡益を非課税にすべしと主張する連中も、この「リスク仮説」を持ち出した。どちらの言い分も、甚だしい非常識と言わざるを得ない。フランス人の中には、少なくとも議員やベンチャー起業家と同じくらい不確実な職業に就いている人が大勢いる。その人たち全員のために特別な年金制度や税制を設計することは、どうみても不可能だ。となれば、議員のほうに全員と同じ制度を適用することが望ましい。どうしても必要なら、その分の歳費を上乗せすればよい。

筆者はけっして議員の敵ではないし、世間を煽るつもりもない。むしろ、逆である。少なくとも、議員の仕事は心から尊敬している。だがフランスの税制と社会保障制度は、あれやこれやの適用除外や特別措置で麻痺状態だ。自分たちの既得権益を守ろうとするよりも、制度を簡素化するほうが議員の名誉になると信じる。国政のことは自分たちのほうがよくわかっていると言い張る議員たちは、議員年金制度や非課税の経費で世間がすっかりしらけていることをわかっていないらしい。議員が率先して手本を示すなら、いま必要な勇気ある改革を国民に受け入れさせることも、ずっと容易になるだろう。

＊1：フランスの議会は二院制で、国民議会が下院、元老院が上院に相当する。国民議会の名称は、フランス革命初期に成立した憲法制定国民議会に遡る。

＊2：フランスは、公職兼職が広く定着している世界でも数少ない国の一つである。二〇一一年九月のコラムも参照されたい。

67

独仏の近視眼的なエゴイズム

二〇一二年一二月一八日

なぜフランスとドイツは、通貨同盟を政治・財政同盟に格上げしようとしないのだろうか。単刀直入に言えば、両国は一％以下というきわめて低い国債金利で得をしているからである。イタリアとスペインは五％以上の金利を払わねばならず、危機に落ち込んでいるというのに、独仏両国は涼しい顔をしている。これは、目先のことしか考えないエゴイズムと言うほかない。しかし結局はどの国も、ユーロ圏にどっかり根を下ろす景気後退に苦しむことになるだろう。そのうえ南欧諸国で、あるいはそれ以外の地域でもどんな反発が起きるかは、神ならぬ身の知る由もない。

そうなったら、最低でも「失われた十年」を経験することになろう。その間は互いに責任をなすり合うだけで、将来のための投資は何も行われないことになる。ヨーロッパは二一世紀の持続的な発展を実現しうるすぐれた社会モデルを誇り、また地球上で最もすぐれた大学も持っているはずなのに、である。

つまらぬ国家エゴにこだわっている点では、ドイツとフランスは五十歩百歩だ。ドイツの貿易黒字はどう見ても多すぎで、あれほどの外貨準備はどの国にも必要ない。それに定義からして、すべての国が外貨準備を積み上げることは不可能である。一方のフランスは、自国の税制・社会保障制度の改革や近代化ができないうえに、公的債務の共同管理に関して具体的な提案すらできないという無能ぶりをさらけ出している。

現時点で出されている具体案は、一年前から提案されている欧州債務償還基金案だけで、GDP比で六〇％を超えた部分の各国債務を集約し、連帯保証の基金債で償還していくというものである。この案は完璧にはほど遠く、とくに政治による議論を経ない点は問題だ。基金を発足させたら、年間の財政赤字、債務削減のペース、共同債の発行量は公開の民主的討論を経て決めるべきである。しかし現在は、密室の首脳会議あるいは財務相会議に委ねられている。それでもこの案は、存在することに意義がある。フランスはと言えば、この案に賛成することも、代案を出すこともしていない。

では、どうしたらいいのか。しつこいようだが、一七の国が金利の異なる国債を発行している状況では、単一通貨は機能しない。通貨主権を手放す見返りとして、共同債を導入し、どの加盟国も安定的な低い金利にアクセスできるようにすべきだ。公的債務残高がＧＤＰ比で一〇〇％程度に達すると、金利について漠然とした憶測が流れるだけで、政府の資金調達にとってきわめて好ましくない影響が出てくる。現にイタリアは、プライマリーバランス（基礎的財政収支）がＧＤＰ比で二・五％のプラス、つまり税収が歳出をＧＤＰ比二・五％分上回っているにもかかわらず、高い国債金利のせいで債務が膨張し続ける悪循環に陥っている。ちなみにフランスでもイタリアでも、大学・大学院・専門職大学院を合わせた予算の合計は、ＧＤＰ比〇・五％程度である。

こうした事態になったのが過去の政権の失敗だったとしても、いやたしかにそうではあるのだが、だからと言ってイタリア、スペイン、ギリシャにそのツケを払わせ、将来への投資を不可能にすべきではあるまい。国債金利がこの先どうなるかわからないという不確実性の重荷を背負っていては、改革などできはしない。

通貨同盟を政治・財政同盟に格上げすることは、改革の努力を公平に分担する唯一の方法でもある。資産課税の復活は、今回の危機がもたらした大きな影響の一つだ。それも当然だろう、ヨーロッパでは、所得が伸び悩んでいるのに対し、個人資産はべルエポック以来の天文学的な数字に達しているのだから。スペインでは、二〇〇八年にサパテロ首相が廃止した資産税が二〇一一年に復活した。ドイツでは、ドイツ社会民主党（SPD）が一般資産税の再導入を検討中だ。イタリアでは、モンティ首相の税制改革の目玉として、不動産および金融資産への課税を強化することになっている。基本的に付加価値税（VAT）を推奨している国際通貨基金（IMF）でさえ、資産税の復活を歓迎しているらしい。

問題は、ユーロ圏全域が足並みを揃えないと、この種の税制改革はうまくいかないことである。とくに、国外で保有する金融資産について情報を自動交換するシステムはぜひとも必要だ。これがないために、イタリアでは不動産（これは国外に持ち出すというわけにはいかない）に課す税率を〇・五％とする一方で、金融資産に対しては〇・一％にとどめざるを得なかった。しかし最富裕層の資産の大半は、後者である。

EU首脳は、一方でギリシャには最富裕層に負担させよと要求し、他方でこの目的を実現するための租税協力では合意できず、しかも南欧諸国の国債を投げ売りの悪夢に突き落とした。いつになったら、首尾一貫した政策を講じる勇気を出すつもりなのか。

68 水曜日も学校を

二〇一三年一月二九日

もしかすると、期待されていた分野での本気の改革は行われないのかもしれない。フランソワ・オランドは、選挙運動中にしきりに税金と年金について語っていたが、現状からすれば、抜本的な税制改革や体系的な年金改革は期待できそうもない。その代わり、思いがけない分野で重要な改革が計画されているようだ。だからと言って、税や社会保障に関して何もしなくてよいというわけではないが、それでも何ごとであれ、改善は好ましい。

まずは、民主的な企業統治の分野である。大企業の取締役会において、従業員の代表に単なる参考意見の発言権だけでなく議決権を与える決定は大いに意味がある。ドイツではだいぶ前から実施されており、しかも従業員代表は資本参加していなくても、つまり一株も自社株を持っていなくてもよい。

また、大学運営委員会の外部委員、とりわけ地方公共団体の代表や企業の代表に学長選挙の投票権を与えるという勇気ある決定にも、拍手を贈りたい。二〇〇七年に右派が突如として不可解な総合自治なるものを導入し、学長の選挙権は教員・研究員の代表者に限られるとして、学校経営を司る組織と学問研究を司る組織との間で役割の混乱を招いた。

ひょっとすると、いまは学校改革の時期が来ているのかもしれない。次なる改革は小学校、とくにずっと続いてきた「水曜休み」の問題である。これはきわめて重要な意味を持つ改革であり、おそらくはオランドの任期中で特筆すべき改革の一つとなる可能性が高い。

なぜか。第一に、歴史上初めて、週五日、月曜日から金曜日まで通して授業が行われることになるからである――フランス以外のすべての国がそうであるように。国民教育相のヴァンサン・ペイヨンはついに重い腰を上げ、はるか昔に下された決定を見直すことにしたらしい。一八八二年に無償義務教育が導入された際、それまで初等教育を担ってきた教会に譲歩し、週に一日は宗教指導に充てる日とすることが決められた。一八八二年から一九七二年までは木曜日だったが、その後水曜日に変更され、これが今日まで続いているのである。当初の決定から一世紀半近くが経ち、大半の人が教理問答など行わないいまとなっては、この変則的な学校休業日を見直すのは理に適っているだろう。

　ましてこの水曜休業は、受け入れがたい社会的不平等を引き起こしているのだから、なおさらである。裕福な家の子供は、水曜日にお稽古ごとをする。貧しい家の子供は一日中テレビを見ているか、学童保育所に預けられる。学童保育所の指導員の質はあまり高くない（無理もない、週一日だけ働く条件で有能な人材を見つけられるだろうか）。そのうえ水曜日に授業を行わないため、他の曜日の授業時間がきわめて長くなっている。

　これまであまり強調されてこなかったことだが、水曜休業は子供の親にとっても多大な負担である。中でも小さな子供を持つ母親は、水曜日に休みをとるために不利益を被っている。これは、キャリア形成において男女の不平等を生むきわめて遺憾な事態だ。部下の若い母親が水曜日の会議には決まって欠席するとわかっていたら、男性と同じ責任ある仕事を任せられるだろうか。言うまでもなく、答はノーだ。フランス固有のこの好ましくない習慣を打ち切り、公立学校で月曜から金曜日まで授業を行うようにするなら、政府は男女不平等の解消に向けて力強く前進したと言えよう。

ところがパリの先生たちは、水曜授業の導入に反対して、先週火曜日にストライキを行った。これをどう考えるべきだろうか。学校の先生たちは、総じて教育と宗教の分離、社会的平等、男女平等に賛成である。その先生たちのストライキが組合根性から来ていると言ったら、驚かれるだろうか。水曜日に働くのはいやだ、この職業を選んだ理由の一つはこの日が休みだということにある、云々。二〇〇二年にも同じようなストライキが大々的に繰り広げられ、水曜授業を提唱したパリ市長のベルトラン・ドラノエは計画の断念に追い込まれた。同じことが二〇一三年にも繰り返されるとしたら、これ以上恥ずかしいことはない。

とは言え、政府の姿勢にも非難の余地は十分にある。これほど重要な改革となれば、関係各所に十分な事前説明を行ったうえで、断固たる決意表明を行うことが必要だ。じつは昨夏すでに、ジャン＝マルク・エロー首相はこの計画を閣僚に漏らしているらしい。ところがオランドが水曜授業を発表したのはクリスマス近くになってからで、しかも猛反発を受けてすぐさま「二年かけて徐々に移行」と訂正した。この問題に限らず、この大統領が断固として決定を下し、それを貫き通す時は来るのだろうか。

69 イタリアの選挙とヨーロッパの責任

二〇一三年二月二六日

フランスから見てイタリアの総選挙(*1)で目についたのは、ベルルスコーニが予想外に票を伸ばしたこと、より一般的にはポピュリストが躍進したことである。今後数年にわたり同国の政治は不安定化し、先の読めない状況が続くだろう。要するにベルルスコーニ的・イタリア的な訳の分からなさとしばらく付き合わねばならない、ということだ。

この選挙結果を、こちらとは関係のないアルプスの向こうの出来事であって、フランスには何の責任もないと片付けるのはたやすい。だがフランスにしても選挙で意外な行動に出て、たびたび外国人を驚かせてきたことを忘れるべきではない。たとえばルペン父・娘が率いる国民戦線への投票は、その最たるものである。

イタリアの総選挙では、人気コメディアンのベッペ・グリッロがミニマム・インカムとユーロ圏離脱の国民投票の実施を訴えて熱狂的な支持を獲得し、とくに左派の有権者の票を集めた。劇作家のダリオ・フォを始めとする知識人や作家も彼を推している。これを見ると、一世を風靡したフランスのコメディアン、コリューシュを思い出さずにはおれない。コリューシュは一九八一年の大統領選挙に出馬表明し、同年初めには世論調査で一五%を上回る支持を得ていた。社会学者のピエール・ブルデュー、哲学者のジル・ドゥルーズも彼を応援していたのである——もっとも選挙運動からは手を引いたが（結局ミッテランが勝った）。二つのケースに共通するのは、出世欲が強いわりに勇気がなく、何をやっているのか不透明なエリート政治家に対して国民が不信感を抱いていたことである。この事態がフランスで再び起きないと、誰が自信を持って言えるだろうか。

今回の結果にヨーロッパの人々がぎょっとしたのは、イタリア人がヨーロッパというものに対して疑念を募らせており、その一因はヨーロッパ自身のエゴイズムと優柔不断にあると気づかされたからだ。しかもイタリア人と言えば、つい最近まで、誰よりもヨーロッパらしい人たちだったのである。EUは、とりわけEUで指導的役割を果たしている政治・経済大国のドイツとフランスは、ユーロ圏が置かれた困難な状況にも、南欧諸国を襲う悲劇的な事態にも、多大な責任がある。ギリシャとスペインではいつ何が起きてもおかしくない。たとえばスペインでは二〇一四年にカタルーニャ州の独立の是非を問う住民投票が計画されており、結果は予断を許さない(*2)。

唯一の連邦機関である強力な欧州中央銀行(ECB)にはつねにユーロを救う用意があり、実際に危機を乗り越えてきたし、金融市場にもそう納得させてきたとされている。だが実際には、中央銀行が存在するだけでは、通貨同盟の存続を保証することはできない。その証拠に、イタリアとスペインは、ドイツとフランスよりはるかに高い国債金利を払い続けている。

二〇一二年に、イタリアは支出を大幅に切り詰める一方で、不動産税を再導入するなどして増税を行った(金融資産にも課税されるが、適切な国際租税協力が行われなかったため、税率は八分の一に抑えられた)。その結果、プライマリーバランス(基礎的財政収支)は黒字となり、対GDP比で二・五%に達している。しかし問題は、増税で同国の景気低迷が長引き、しかも巨額の政府債務がなお増え続けていることだ。政府債務の利払いはGDPの五%を超え、債務の増分だけでGDP比二・五%を上回る。これでは、イタリア国民がいくら努力しても空しく感じられてしまう。

モンティ首相はヨーロッパ各国から称賛されているが、イタリア国民にとってはそれもバカらしく感じられることだろう。ベルルスコーニが不動産税廃止を主張し、グリッロがユーロ圏離脱を訴えるのも、意外ではない。

実のところ、積み上がった政府債務の利払いをするために、プライマリーバランスを定期的に大幅黒字にするのはイタリアの伝統と言える。一九七〇～二〇一〇年を通して、イタリアは主要八カ国（G８）の中で唯一プライマリーバランスが均衡していた国である（つまり、歳出が歳入を上回ることはなかった）。その一方で、政府債務残高が急速に膨らむ国でもあった。なにしろ同時期の利払いが対GDP比六％に達していたのである（他国は二～三％）。

ただこれまでは、袋小路を抜け出して再出発するために、通貨を切り下げるという伝家の宝刀を抜くことができた。しかし通貨同盟に加入した国は通貨主権を手放している。その見返りとして、政府債務を相互化し、どの国も予測可能な低い金利で資金調達できるようにすべきだ。これを実現するには、透明性の高い民主的な方法での討論と採決が必要であり、ヨーロッパの財政に関して最終議決権を持つ「上院」を設置するのが、おそらく最善の方法であろう。ドイツとフランスがいつまでもエゴイズムから抜け出せず、建設的な解決を提案できないなら、新たな政治的混乱が起きる危険性が高い。それは、イタリアの総選挙よりはるかに深刻なものとなるだろう。

＊1：総選挙後の議席分布は、下院（定数六三〇）がベルサーニ（中道左派）陣営三四五、ベルルスコーニ（中道右派）陣営一二五、グリッロ陣営一〇九、モンティ（前首相）陣営四七。上院（定数三一五）はベルサーニ陣営一二三、ベルルスコーニ陣営一一七、グリッロ陣営五四、モンティ陣営一九。中道左派陣営は下院では過半数を得たものの、上院で過半数を占められず、しかも上院はユーロ圏離脱派が半数以上を占める事態となった。

＊2：カタルーニャ自治州（州都バルセロナ）の独立をめぐる非公式な住民投票は二〇一四年一一月九日に実施され、有権者の約四割が投票。八割超が独立に賛成した模様である。

70 欧州共通資産税に向けて

二〇一三年三月二六日

キプロス危機は、金融のグローバル化が直面する厄介な矛盾の一部をくっきりと浮き彫りにした。何が問題なのか、おさらいしておこう。キプロスは人口一〇〇万の小さな島であり、二〇〇四年にEUに、二〇〇八年には通貨同盟に参加した。同国の銀行部門は「超」がつくほど肥大しており、資産総額はGDPの八倍に、預金量は同四倍に達する。キプロスの銀行が預かっているのは、キプロス市民の貯蓄だけではない。低い税率とゆるい規制に惹かれた外国人、とりわけロシア人の財産である。

ロシア人の貯金には巨額の個人資産が含まれているとされ、それらは新興財閥（オリガルヒ）のもので、数千万ユーロに達するだろうとまことしやかに噂されている。たぶん事実なのだろうが、何のデータもない。概算数字でさえ、EU当局あるいは国際通貨基金（IMF）から発表されたことはない。これらの機関も、おそらく全体像は把握していないのだろう。そもそも彼らは、この重要な問題を調査する手段を持ち合わせていない。こうした不透明性に覆われているため、今回の騒動を穏便かつ合理的に解決することがむずかしくなっている。

現在の問題は、キプロスの銀行にはもうお金がないことである。銀行はギリシャ国債（ご存知のとおり、大幅に値下がりした）とあやしげな不動産に投資してしまった。当然のことながら、ＥＵは担保なしでの同国の支援に及び腰だ。まして、結局はロシアの富豪を救済することになるのだとしたら、なおのことである。

数カ月にわたり逡巡した末に、トロイカ（欧州連合、欧州中央銀行、ＩＭＦ）として名高い面々はとんでもないアイデアを思いつく。キプロスの銀行預金すべてにほぼ同率で課税するというのだ。一〇万ユーロまでは六・七五％、それ以上は九・九％である。すこしばかり差を付けているのは、まさか目くらましのためではあるまい。要は誰にとっても、つまり貯蓄口座に小金を預ける庶民にも、オリガルヒにも、一〇万ユーロまでは同じ税率がかかるということだ。

キプロス議会に否決された結果、一〇万ユーロ未満は課税対象から外され、その代わりに一〇万ユーロ以上に課す税率を引き上げることになった。とはいえ事態は流動的で、現状では銀行ごとに措置を講ずる方向と見られる。ともかく最悪なのは、ヨーロッパの小口預金者にとっては、ＥＵも自国政府も信用できなくなった、少なくとも信用できるかどうかわからなくなったことである。

公式見解によると、この預金課税はキプロス大統領の要請に応えたものだとされている。大統領は、大口預金の流出を防ぐために小口預金にも重い課税を望んだというのだ。あるいは、そういうこともあるかも知れない（すべての交渉は密室で行われており、真相は永久にわかるまい）。キプロス危機の教訓は、こうだ――ちっぽけな国がグローバリゼーションの中で生き延びようとし、ニッチな活路を見つけようとすれば、あまり好ましくない資金を呼び込むために無節操な減税競争に走りかねない、ということである。

とは言えこの公式見解は、事態の半分しか説明していない。例の銀行課税は、ユーログループ（ユーロ圏財務相会議）が全会一致で決めたということである。いずれ各国政府は、自分たちの責任を公に認めなければならない時が来ると肝に銘じるべきだ。今回の危機は、ユーロ圏の財政に関して最終議決権を持つ「欧州上院」の必要性を改めて浮き彫りにしたと言えよう。今回のような問題は、この上院の場で民主的に討論したうえで決定すべきだ。もちろん公開で。

今回の危機であきらかになったことは、もう一つある。ヨーロッパの大国は、金融危機を効果的に鎮静化し、負担や損害を誰もが納得する形で配分する能力を持ち合わせていない、ということだ。今回の件を資産への課税と捉えた場合、やや専門的にいえば、まず課税ベースが小さすぎる（預金を引き出して非課税の証券や資産に移すだけで、課税を免れる）。さらに累進制になっていないのは、歴史的に見ても異例である。

参考のために例を挙げると、フランスの富裕税の税率は、現時点で、資産総額一三〇万ユーロまでは〇％、二六〇万ユーロまでは〇・七％、一〇〇〇万ユーロ以上は一・五％となっている。また、累進資産税が一時的に導入された例も少なくない。たとえば終戦直後の一九四五年に導入された国民連帯税は、特例として二重課税が適用された。資産の現在価値に対する課税（〇％から最高二〇％まで）と、一九四〇〜四五年の増加分に対する課税（大幅増加に対しては最高一〇〇％）である。

このタイプの税金を課す場合には、言うまでもなく、複数の銀行に預け入れている資産を合算して各人の金融資金総額を申告することが必要になる。もっとも最近では、銀行口座情報の自動交換が行われるようになったから、本人が申告しなくても総額は把握できる。つまり、国際的な資産課税がようやく可能になったわけだが、トロイカ、とくにＩＭＦは、保守主義的イデオロギーの観点から、国際資産課税を拒絶している。そこで、預金課税というアイデアが出てきたわけだ。この税金を銀行単位で徴収することは、技術的には可能だろう。しかしきわめて不当であり、非効率でもある。キプロス危機は、少なくともこうした論議を引き起こした点で、価値があった。

71 ジェローム・カユザックの二つの嘘

二〇一三年四月二三日

このほど予算相を辞任に追い込まれたジェローム・カユザックに関しては、二つの問題がある。一つめは、スイスの隠し口座について嘘をついていたことだ。これは、オランド政権にとって手痛い打撃にちがいない。というのもカユザックはサルコジほどダーティーでないというのが、オランドにとって唯一の強みだったからである。この強みは脆くも崩れ去った。

だが、第二の嘘も忘れてはならない。カユザックは大胆な税制改革を約束しておきながら、期待を裏切ったのである。彼は、来年一月一日からの付加価値税の引き上げを粛々と準備中だった——景気が低迷しているこの時期に、である。しかも社会党は、サルコジ政権下で野党だったとき、この種の増税に徹底的に反対していたことをよもや忘れたわけではあるまい。

そして指摘しておきたいのは、この第二の嘘がオランドの嘘だということである。オランドは自分の勇気のなさと優柔不断を隠すためにカユザックを利用した。そして三〇〇名に上る社会党議員は、昨年一二月に唯々諾々として付加価値税（ＶＡＴ）の増税に賛成票を投じている。正反対の公約を掲げて当選してから、たった半年後の出来事である。この増税が何のためかと言えば、「競争力強化と雇用促進のための税額控除（ＣＩＣＥ）」の財源を捻出するためなのだ。ややこしすぎて実効性のないこの税控除は、すでに煩雑な税制をさらに厄介にするだけの代物である。

これを見ると、フランスの大統領強権制の弊害を考えざるを得ない。閣僚は、非公式の場では例の税額控除をさんざんにこきおろす。だが公式の場では、「共和国君主」の決定にあえて反論しようとする人間は一人もいない。

どうしてこういうことになったのか。この問いに答えるには、すこし時計の針を戻さなければならない。二〇一一年の時点では、左派が所得税改正を目的とする税制改革を行うものと誰もが信じて疑わなかった。社会党は党内の仰々しい採決の末に、「われわれは所得税と一般社会税（ＣＳＧ）を統合し、職業やライフスタイルの変化にすばやく対応できる新しい税を創設する」と宣言したばかりだったからだ。

党公認候補を選ぶ予備選挙は二〇一一年秋に行われたが、このとき候補者はみなこのプログラムに同意しているように見えた。だが実際には、ちょっとつつくだけで、それが本音でないことはわかったはずだった。なぜなら、プログラムの重要な「細部」、たとえば課税ベースや税率や導入時期といったことに誰も言及していなかったからだ。プログラムは実際にはひどく漠然としていて、ほとんど公約とは言いがたい代物だった。なぜしかるべきタイミングで、メディアが追及しなかったのだろうか。おそらく記者連中は、「枝葉末節」はどうでもよいと考えたのだろう。もちろん、自分の身に直接関わる税金であれば話はちがったはずだが。

党公認を勝ちとるとすぐに、オランドは踏み込んだ足を引っ込め始めた。そして、当時は税制論議より毛髪移植で有名だった整形外科医のカユザックを、予算と税に関するスポークスマンに指名する。そのカユザックは、あつかましくもこう発表した――所得税と一般社会税の統合は、われわれに委ねられた任務として、「超党派のコンセンサス」を得られた場合にのみ行います。これはつまり、何もしないということである。いったいフランスでは、いつから右派と左派が仲よく協力して税制改革をやるようになったのか。かくしてゲームは振り出しに戻り、改革は先送りされた。

この真空地帯を埋めるためにオランドが思いついたのが、例の「競争力強化と雇用促進のための税額控除」である。その財源は、付加価値税の恥ずべきごまかしでまかなわれる。来年一月一日からの付加価値税引き上げで六〇億ユーロをひねり出すのがうしろめたいのか、社会党の連中は「最貧層を優遇する」と嘘を塗り重ねている。どうやら最低税率が五・五％から五％に引き下げられることを指しているらしい。たしかに、安売りスーパーのリドルでしか買い物をしないなら、購買力は〇・五％強化される（ただしインフレで打ち消されるが）。だがそれ以上の贅沢をしようと言うなら、要注意だ。太い棍棒を持ったオランド父さんの税金が待っている。

もっとも、棍棒は太いほどいいかと言えば、そうとも言えない。このあつかましさと無能力の組み合わせは、最後は誰にとっても悪い結果に終わる公算が大きい。遅かれ早かれ税制改革はしなければならないのであって、やらずに済ますことは不可能だ。低所得層の購買力を強化できるのは、累進制の一般社会税だけである。これを導入することによってのみ、社会保障の財源についても大胆な改革が可能になる。オランドはまさにこの選択に直面している。制度改革を次の大統領に押し付けるのか、それとも自分がやるのか。

72

奴隷制は過ぎ去ったことか

二〇一三年五月二一日

奴隷制の下で犯された罪に対して金銭的賠償を求めることは可能だろうか。フランソワ・オランド大統領は、奴隷制廃止記念日の五月一〇日に「歴史は取引の対象にはならない」と述べ、この問題に否定的な姿勢を示した。なるほど巧妙な発言だ。しかしもうすこしくわしく検討してみると、事態はそう単純ではなく、あっさり棚上げすべきものではないことがわかる。フランスでは、「奴隷制度は人道に対する罪であった」と認め、奴隷制廃止記念日を五月一〇日とする法律が二〇〇一年に成立したが、これはクリスチャーヌ・トビラの尽力によるものだ（現にこの法律は「トビラ法」と通称されている）。トビラはフランス海外県ギアナ(*)出身の政治家で、現在は司法相である。彼女には、大統領の発言に訂正を要求する十分な理由があったし、実際、翌日すぐ、海外県・海外領土における土地制度改革の必要性を訴え、奴隷の子孫の代に配慮した土地の再分配を検討すべきだとしている。

ユダヤ人の財産の略奪と賠償に関する調査委員会が、ついにフランスでの調査を実施したのは、ほんの数年ほど前のことだ。これは「歴史との取引」には当たらないのだろうか。また旧ソ連に属していた国々と東欧諸国は、ほんの一〇年前に、一世紀前の出来事について財産の返還と補償を行っている。一方、フランス領の比較的大きな島（インド洋のレユニオン島、カリブ海のグアドループ島とマルティニーク島の三つを合わせると人口は二〇〇万に達する）で奴隷制が廃止されたのは、一世紀半前の一八四八年のことである。この程度の些細な年月のちがいで、奴隷制だけを「もう過ぎ去ったこと」と片づけるわけにはいくまい。

現実には、奴隷制廃止後も合法的な搾取が長らく続いていたのだから、なおのことである。中には一九世紀末から二〇世紀初めまで、搾取が続いた例もある。たとえばレユニオン島では、奴隷制が廃止されるとただちに政令が出され、有色人種は家内労働者または農業労働者として長期契約を結ぶこと、再三の警告を無視してこれを怠った場合には浮浪者として刑務所に送られることが布告された。

この問題を巡る最近の議論では、さらに唾棄すべき事実に注意が喚起されている。

奴隷制の廃止は、多くの場合、巨額の金銭的補償を伴ったというのだ――ただし、奴隷の所有者に対して。たとえばイギリスの極端なケースはこうだ。英領アンティル諸島、モーリシャス島、ケープタウンで一八三三年に奴隷制が廃止されると、イギリス議会は誰からも反対されることなく、きわめて気前のよい損害賠償法を成立させた。それによると、総額二〇〇〇万ポンド（当時のイギリスのGDPの約五％に相当する。現在で言えば、約一〇〇〇億ユーロ）を国庫から奴隷所有者三〇〇〇人に払うというのだ。一人当たり三〇〇〇万ユーロである。にわかに信じがたい出来事だ。

最近になってロンドン大学ユニバーシティ・カレッジ（UCL）がこの件の全貌をあきらかにすべく精力的に調査し、問題の三〇〇〇人のリストを公表した。受け取った金額や所有していた奴隷の数など、詳細も添えられている（"The Legacies of British Slave Ownership" で検索できる）。おかげで、キャメロン首相のいとこが現在保有する資産の相当部分が、この補償金に由来することがわかってしまった。

フランスでも一八四九年に、農園所有者と入植者に奴隷解放の補償金を支払う法律が制定されている。このとき解放された奴隷は二五万人だった（主にレユニオン島、グアドループ島、マルティニーク島）。補償金の額はイギリスより少ないものの、今日にいたるまで調査などはいっさい行われていない。しかもフランスの場合、これらの島をずっと支配下に置いており、奴隷の子孫と農園保有者の子孫の間にはいまだに顕著な不平等が認められる。クリスチャーヌ・トビラが皮肉でなく指摘したとおり、土地の再分配は、アンティル諸島よりギアナのほうがはるかに容易に行える。というのも、国家が土地の大部分を所有しているからだ。アンティル諸島の場合には、土地の多くはいまだに地主の子孫に帰属する。

じつはフランスには、もう一つ驚くべき出来事があった。一八二五年に、一億五〇〇〇万フラン（当時のフランスのGDPの約二％に相当する）と引き換えにハイチの主権を認めたのである。この途方もない金額は入植者の補償金に充当するためだと言うが、彼らの財産が奴隷制によって築かれたことは言うまでもない。最終的にこの「貢ぎ物」の額は九〇〇〇万フランまで引き下げられたものの、ハイチは二〇世紀半ばまで、フランスに「返済」するために巨額の対外債務に苦しめられていた。

フランスでは黒人団体代表委員会（CRAN）が二〇〇五年に結成され、フランス預金供託公庫（さきほどの「貢ぎ物」を運営したとされる）を訴えて係争中だ。ただし彼らは個人賠償を求めているのではない。賠償金は徹底的な調査と記念館（たとえばリヴァプールにある国際奴隷貿易博物館のような）の建設に充て、問題の全容を広く知らしめるために使うという。そのためには、問題全体の解明を任務とする委員会を設置する必要があろう。トビラ法にもこれを促す条文が含まれている。この条文はずっと無視されてきたが、もう一度向き合う時が来ているようだ。

＊：フランスの海外領土は海外県（ＤＲＯＭ）と海外自治体（ＣＯＭ）で構成され、前者には本土と同じ法律が適用される。海外県には、大西洋上のグアドループ諸島、マルティニーク島、仏領ギアナ、サン・マルタン島、サン・バルテルミー島、サン・ピエール・エ・ミクロン島、インド洋上のレユニオン島とマイヨット島、フランス領南方・南極地域、太平洋上の仏領ポリネシアとニューカレドニアがある。

73

ヨーロッパを変えよ

二〇一三年六月一八日

グローバル金融危機の発生から五年が過ぎた今年、アメリカでは成長が復活した。日本にもその兆しがある。ひとりヨーロッパだけが、景気低迷と信頼欠如の悪循環に閉じ込められたままのように見える。欧州大陸は、危機前の経済活動の水準に近づく気配もない。そのうえヨーロッパの公的債務は、他の富裕国に比べればずっと低い水準にとどまっているにもかかわらず、債務危機を乗り越えられそうもないのだ。

理屈に合わない事態はこれだけではない。ヨーロッパの社会モデルは世界で最も優れており、われわれにはこれを守り、よりよいものにして、世界に誇る理由が十分にある。ヨーロッパの人々が保有する資産（不動産、金融資産から負債を差し引いた純資産）の総額は、世界で最も多い。中国をはるかに上回り、アメリカよりも日本よりも多いのである。また、通説とは異なり、ヨーロッパ人が世界の他地域に保有する資産は、他地域の人間がヨーロッパに保有する資産をあきらかに上回っている。

　ではなぜヨーロッパは、こうした社会・経済・金融面の優位性を持ちながら、危機を克服できないのだろうか。答は、こうだ。枝葉末節でいつまでも対立し、政治では小人、税制ではザルであることに満足しているからである。ヨーロッパは、互いに張り合う小さな国（そう遠くない将来に、フランスもドイツも、世界経済の基準から見れば小さな国になることは確実である）の集まりであり、さまざまな地域機関は現状に適応できておらず、機能不全に陥っている。

　一九八九年のベルリンの壁崩壊と翌年の東西ドイツ統合の衝撃からわずか数カ月のうちに、ヨーロッパの首脳たちは単一通貨の創設を決めた。リーマン・ショックに端を発するグローバル金融危機から五年が過ぎたいま、人々はあのときと同じ勇気を待ち望んでいる。問題ははっきりしている。一七の国が金利の異なる国債を発行し、異なる税制を持つ二七の国が互いに隣国の税収の横取りを狙っている状況では、単一通貨は機能しない、ということである。それがいやなら、共同債の発行や共通税を実現するために、ヨーロッパの政治構造を根本的に変えなければならない。

　問題の元凶は、欧州理事会（加盟国首脳と欧州委員会委員長で構成される）と、その下の閣僚会議（EU財務相会議など）にある。大方の人が、欧州理事会は最終決定機関としての議会の代わりを果たせるのだと、信じるふりをしている。

しかしこれは幻想にすぎない。幻想はどこまで言っても幻想で、実現はしない。理由は簡単である。一国一代表の欧州理事会では、公明正大に公開討論が行われる民主的な議会を組織することはできないからだ。このような決定機関は、国家のエゴのぶつかり合いの場となり、集団としては無能力となる。個人の能力の問題ではない。メルケル＝オランドもメルケル＝サルコジも似たり寄ったりだ。

理事会というものは、一般的な規則を決めたり条約改正の交渉をしたりするには、都合がいい。だが財政同盟や共通税の検討、財政赤字の水準の決定、構造変化への適応（共同債に移行するとなれば、各国の判断で国債を発行することはできなくなる）、域内共通税の課税ベースや税率の設定といったことを民主的に決定するためには（まずは現在多国籍企業が多額の税逃れをしている国で課税を始めなければならない）、ユーロ圏の真の議会、予算・財政に関して最終議決権を持つ議会が必要になる。

いちばん自然なのは、各国の議会から、たとえばドイツ連邦議会やフランス国民議会の予算・財政委員会から議員が集まるという具合にすることだろう。毎月一週間集まって、共通の議題を討議し決定を下す。こうすれば各国は首脳一人ではなく、三〇〜四〇名の議員で代表されることになる。その結果、採決も国益のぶつかり合いにはならないはずだ。フランスの社会党（ＰＳ）議員はドイツの社会民主党（ＳＰＤ）議員と、国民運動連合（ＵＭＰ）の議員はドイツキリスト教民主同盟（ＣＤＵ）の議員に同調するだろう。そして大事なのは、討論が公開され、論点が明確になり、最終的にはクリーンな多数決で決着することだ。

もうそろそろ、欧州理事会の見せかけの「満場一致」から脱却しなければならない。「ヨーロッパを救った」という発表は決まって朝の四時に行われる。そして昼頃には、首脳たちは何もわからずに決めていたのだとみなが気づくことになる。きわめつけの無責任は、ユーログループとトロイカ（欧州連合、欧州中央銀行、ＩＭＦ）が満場一致で決めたキプロスの一件だろう。その後数日間で起きたことの責任を誰も公にはとっていない。

各国政府は、いまだに現在の体制に固執している。ドイツのリベラルからフランスの左派にいたるまで、ヨーロッパの政治を決めるのは欧州理事会だというコンセンサスができ上がっているのである。

なぜ、こうなったのか。表向きには、フランス人は連邦制を望んでいない、したがってその方向での条約改正はあり得ない、と説明されている。これはまた奇妙な議論と言わねばならない。二〇年以上前に通貨主権を手放し、そのうえ財政赤字についてひどくこまかい規則（たとえば昨年決まった「新財政協定」によれば、上限はＧＤＰ比〇・五％、守れなかったら罰金）を決めたときから、事実上は連邦制になっているのである。

問題ははっきりしている。首脳と高級官僚が牛耳る事実上の連邦制にこの先も突き進むのか、それとも民主的な連邦制に賭けるのか。

74 経済成長はヨーロッパを救うか

二〇一三年九月二四日

成長さえ回復すればヨーロッパの問題はすべて解決する、と当て込んでいいのだろうか。もちろん、GDPが一%増えるほうが、全然増えないよりいいにちがいない。だが二一世紀が始まったいま、富裕国が直面せざるを得ない試練の本質は、経済成長では解決しないことにそろそろ気づくべきだ。

一国の生産高が増える理由は二つある。一つは、単純に人口が増えるとき。もう一つは国民一人当たりの生産高が増える、すなわち生産性が向上するときである。過去三世紀間、世界のGDP合計は、年平均一・六%のペースで増えてきた。うち〇・八%は人口増、〇・八%は生産性の向上による。ずいぶんと少ないと思われるかもしれないが、これが長期間維持されるのであれば、かなりのハイペースである。なにしろ、このペースの増加で、過去三世紀間に総人口は一〇倍以上に増えているのだ。絶対数で言うと、世界の総人口は一七〇〇年頃に約六億だったのが、今日では七〇億を数える。これほどの人口増加ペースが将来も続く可能性は低い。現にヨーロッパとアジアの一部の国では、人口は減少に転じている。国連の予測によると、今世紀中に世界の人口は全体としては安定化するという。

では、国民一人当たりの生産高のほうはどうだろうか。とりあえず、年〇・八%という過去三世紀間のペースは今後も維持できると考えてよいだろう。筆者は何もマイナス成長を支持するわけではない。技術革新によって、地球環境を損なわない質的向上を無限に続けることは十分に可能だろう。ただし、クリーンなエネルギーを発見または発明することが条件だ。これはいまのところ、実現できていない。いずれにせよ重要なのは、たとえ成長が維持できるとしても、年率一～一・五%を上回ることはもうないということだ。ヨーロッパが謳歌した「栄光の三〇年」（一九四五～七五年）のような年四～五%の高度成長は、もはや望むべくもない。当時は今日の中国を凌ぐ成長を続けていたが、それは、他地域にまさる勢いで戦後復興を遂げる過渡的な現象にすぎなかった。技術面で世界の先頭集団に位置したときから、どんな国も年一～一・五%以上の成長を維持することはできなくなる。

こうした状況では、二一世紀において経済成長率が資本収益率を明確に下回ることはまず避けられない。資本収益率とは、資産が一年間にもたらす利益（賃貸料、配当、利子、利益、キャピタルゲインなど）がその資産の当初の価格に占める比率を意味する。一般的に、資本収益率は年四〜五％である（たとえば、一〇万ユーロのアパートを所有していて、家賃収入が年間四〇〇〇ユーロであれば、資本収益率は四％になる）。株式や巨額の資産を巧みに分散化して運用している場合には、七〜八％に達する可能性がある。

資本収益率（ｒ）と成長率（ｇ）はイコールではない。両者の関係性はｒ＞ｇと表すことができる。この不等式から、過去に蓄積された富が次第に桁外れの規模に達し、自動的に集中していくことが読み取れる。この傾向は数十年前から予兆があった。アメリカはもちろん、ヨーロッパでも、さらには日本でも、主に人口要因に起因する成長率の低下により、所得に比して富の重みがかつてなく高まっているのである。

ここで注意してほしいのは、資本収益率が成長率と同水準まで下がるべき理由は何もないことである。このことは、次の事実を知ればすぐに納得がいくだろう。人類の歴史の大半において、成長率はゼロに近かったのに対し、資本収益率はつねにプラスだったのである（伝統的な農地制度社会では、地代による土地の収益率は通常年四〜五%だった）。これ自体は、純粋に経済学的な観点からすれば、論理的に何の問題もない。資本市場が経済学者の考える意味で純粋かつ完璧であるほど、rはますますgより大きくなるのだ。しかしこれを現実の世界で言えば、不平等は拡大する一方だということになる。これは、能力主義に軸足を移した民主社会では受け入れがたい。

この事態に対する処方箋はいくつかある。国際協調の推進（銀行口座情報の自動交換、累進制の国際資産課税など）はその一つだ。国境を越えた資本移動の全面禁止も、それが可能なら解決策になりうる。インフレは、公的債務の返済には都合がいいが、資産の少ない人を直撃するので持続可能な解決にはならない。中国の資本規制、ロシアの新興財閥（オリガルヒ）、アメリカの恒久的な人口増加という具合に、これらの国はそれぞれの解決策を持ち合わせている。一方ヨーロッパが希望を託せるのは、社会モデルと、そして公的債務を大幅に上回る潤沢な個人資産だ。今日深刻な機能不全に陥っている政治制度を抜本的に見直すという条件付きではあるが、これらを活かすことができるなら、ヨーロッパは経済成長よりも有効な手段を手にし、民主主義が再び資本主義を制御できるようになるだろう。

75 ＩＭＦに物申す

二〇一三年一〇月二三日

このほど発表された報告書（二〇一三年一〇月財政モニター）を読む限り、国際通貨基金（ＩＭＦ）はついに累進課税を擁護する立場に回ったらしい。それどころか、公的債務を減らす方策として、累進制の資産税を推奨している。たいへん結構。とはいえ、ここまで掌返しをされると、思わず笑わずにはいられない。ここでひとつ、ＩＭＦが何を推奨し、何を推奨していないのか、彼らがどこから来てどこへ向かうのか、くわしく見ておくことにしよう。

ここ数十年にわたり、ＩＭＦは累進税というもの自体を粉砕するために全力を尽くしてきた。彼らが介入する国では例外なく、消費税（もちろん非累進制である）または「フラットタックス」が推奨される。フラットタックスは、最低所得層から天文学的な最高所得層にいたるまで、所得と無関係に、同じ税率を一律に課す税である。Ｉ

MFは世界のどの国に対しても、富裕層に高い税率を適用するのは成長を阻害するからやめるべきだと主張してきた。これは、歴史的な視点から見れば何の根拠もない主張である。アメリカを筆頭に、どの国も累進課税が最もきつかった一九五〇～八〇年代ほど、高度成長を実現した時期はないのだ。

今日でも、年間三〇万～四〇万ドルもの報酬を受け取りながら当然のごとく課税免除を適用されているIMF理事の大部分は、相変わらずこの主張に固執している。(*) 彼らは何ら良心に恥じることなく、財政再建においては付加価値税の引き上げと社会保障予算の切り詰めを優先すべきだと言い続けてきたし、法人税の効果を事実上打ち消すような方向の税制改革（配当控除など）を支持してきた。

今回の報告書は従来の方針の変更どころか、完全に逆転するものだ。だが彼らの考え方が変わるには、まだ相当時間がかかると見るべきだろう。一方アメリカは、一九八〇年代の累進課税に戻れば現在の財政赤字の大半を穴埋めできることを思い出したのかもしれない。政府はブッシュ減税の廃止と税率引き上げという重要な一歩を踏み出した。

累進制の所得税論争はまだ決着したわけではないが、この次に待ち構えるのは、学問題的にも政治的にもより重要な論争である。それは、累進制の資産課税だ。今日ではとうてい返済不能に見える富裕国の公的債務も、その国の家計部門が所有する途方もない財産（金融資産および不動産）に比べれば何ほどのこともない――IMFはそう指摘するが、これは正しい。とくにヨーロッパはそうだ。金持ちは個人で、貧しいのは国家なのである。そこでIMFが考えついた解決策が、個人資産に課税して公的債務を減らすというアイデアだった。この案は、聖域をなくすという点では価値がある。

しかしこのような提案をして来るとは、危機に直面してIMFも相当に混乱したのだろう。IMFは、二〇〇八年にグローバル金融危機を予測することができなかった。そしていまや、自分たちのお気に入りの財政緊縮策が景気後退を長引かせるだけであること、このままでは公的債務を二〇〇七年の水準に戻すだけでも数十年を要することに気づいたのである。

残念ながら、これだけでは十分な解決策とは言えない。問題は、IMFが資産課税を累進税にするとは明言していないことだ。今回の報告書が、大規模な資産への課税強化の可能性を示唆していることはまちがいない。だがどちらかと言えば、「フラットタックス」型の課税を推奨しているように見える。これでは意味がない。小さな資産や中程度の資産からも大きな資産と同じ税率で徴収するのはナンセンスであり、この種の政策は国民に拒絶されるだけだ。

ＥＵ首脳とＩＭＦは昨春のキプロス危機の際にこの手のことをして（すべての銀行預金に課税しようとした）、キプロス議会に否決された（この点についての反省は報告書に書かれていない。出来事自体がなかったものとされているらしい）。富の分布は過度の集中を特徴とすることを考えると、資産課税は、所得税以上に累進性をきつくすべきだ。

ただしこのような累進課税を導入する場合には、国境を越えた透明性の確保と国同士の協力が欠かせないが、ＩＭＦの報告書はほとんどこの点に言及していない。租税協力を明確な目標にしない限り、いわゆるタックスヘイブン（租税回避地）を巡る協議も暗礁に乗り上げてしまうだろう。銀行口座情報の自動交換にしても、個人が保有する資産を漏らさず監視し、個人の純資産からの累進税の徴収を可能にするものでなければならない。

最後にすこしばかりお願いしたい。欧州委員会や欧州財務相会議の面々は、毎度のようにＩＭＦの後手に回らないでほしい。つまり、むやみに自由主義的な案を出しておいてからあとで豹変するような輩に鼻面を引き回されるのはやめて、先手を打つようにしてほしい。フランスとドイツを筆頭に、ヨーロッパの政治指導者たちが自らの責任を果たす日が来ることを期待せずにはおれない。

＊：ＩＭＦは国連の専門機関であり、「専門機関の特権免除条約」第六条第一九項には、「専門機関の職員は、専門機関が支払った給料及び手当に関して、国際連合の職員が享有する課税の免除と同一の課税の免除を同一の条件で享有する」と定められている。

76

ひっそりと沈み行く大学

二〇一三年一一月一九日

ゆっくりと、しかし確実に、フランス政府は大学を見捨てようとしている。サルコジ政権はあれこれと計画をぶち上げたが、実際には何もしなかった。そしてオランド政権は沈黙している。要するに、結果は同じだ。高等教育に対する国家の投資は停滞しており、したがってインフレを考えれば後退している。アメリカ、アジア、ヨーロッパの大学が潤沢な資金を持っているというのに、フランスの学生は定員オーバーの大講堂に詰め込まれ、安上がりな授業を受ける(*)。一部の大学は破綻寸前で、予算が足りなくなって暖房を止めなければならないほどだ。

大学の中には、しばらく前から学生数が除々に減っているところもある。卒業しても行き場のないことに気づいた若者の大学不信は根深い。高度な教育と潤沢な資金の恩恵に浴しているのは、グランゼコールに通うごく少数の選ばれた学生だけだ。だが、エリートを育成するだけでよいわけではない。フランスが二一世紀の知識経済において独自の地位を占めるためには、少数のエリートだけでなく、もっと広く教育と人的資本に投資しなければならない。大統領の任期（五年）の間、いまの状態が続くなら、オランド政権にとって最大の汚点となり、長らく語り草になるだろう。

まことに嘆かわしいことだが、フランスの高等教育は全体としてかなり貧しいので、さほど大金を注ぎ込まなくとも大きなちがいを生み出すことが可能だ。どのくらい貧しいかと言うと、フランスの高等教育・研究予算は、二〇〇七年には一一〇億ユーロ足らずで、二〇一三年にようやく一二〇億ユーロに届いたのである。この間のインフレを考えれば、実質的には横這いである。一方、世界各国の大学は、有力な教授を引き抜き、寄付金を精力的に集めるなどして力強く成長を続けており、フランスから少なからぬ技術者、研究者、学生を呼び込んでいる。これでは、もともとあった差が開くばかりだ。

この一二〇億ユーロという金額は、大学その他の高等教育機関・研究所に割り当てられる予算の総額（給与、運営、設備投資）であることに注意されたい。この金額は、GDP（約二兆ユーロ）の〇・五％をすこし上回る程度にすぎない。また政府支出

（ＧＤＰの約半分、すなわち一兆ユーロ）に占める割合は一％ということになる。この程度の額なら、今後数年にわたり六〇億ユーロ増やすことは十分に可能なはずだ。それだけで、すべての大学の予算を一・五倍に拡大できるのである。その効果は大きく、時代遅れの制度からも抜け出せるはずだ。

この予算とつい比べずにはいられないのが、例の「競争力強化と雇用促進のための税額控除（ＣＩＣＥ）」の財源である。こちらは二〇〇億ユーロだ。この財源の一部は付加価値税の引き上げでまかなわれることになっており、すでに一月一日に増税が実施された。ＣＩＣＥは給与の額に応じて社会保険料の使用者負担分を軽減するというもので、フランス経済の競争力増強を謳う現政権の経済政策の目玉となっている。給与の社会保障負担を軽減するというアイデア自体は悪くない。社会保障の財源を民間給与に過大に依存する現状ではなおさらだ。

だが、ＣＩＣＥのような迂遠な方法をとるにはおよばない。使用者負担率を直接引き下げると同時に、社会保障の財源について構造改革を行うほうがはるかによかったはずだ。この改革は、累進制の一般社会税（ＣＳＧ）の導入によって可能だ。一般社会税は、あらゆる所得、すなわち民間企業の給与だけでなく、公務員の俸給、年金、資産所得なども対象に、所得に応じて課税できる唯一正当で効果的な税である。ところが政府は、この種の提案を検討しようともしなかった。

ここで強調しておきたいのは、小手先の税控除にいつまでも依存するのは不可能だということである。フランス人にとってさえわかりにくく、おそらくは効果的でもない税控除の財源に高等教育予算の二倍もの予算を引き当てるのは、合理的と言えるだろうか。言うまでもなく、答はノーだ。長期的にちがいを生み出すのは、教育とイノベーションへの投資である。大学が沈み行く国で生産性を高めるなど、望むべくもない。

＊：フランスでは、高校卒業時の試験でバカロレア（大学入学資格）をとっていれば、全国の国立大学に原則としてどこにでも入学できる（グランゼコールは別）。バカロレアの合格率は七〇％前後に達する。大学進学率が高まる一方で、教員採用とも関連するが大学の定員数が増えていないため、定員オーバー状態が続いている。大学進学者の半数以上が途中でドロップアウトするという。

ちなみにバカロレアには、大きく分けて一般（自然科学系、人文科学系、社会科学系）、技術、職業の三種類がある。二〇点満点で、一〇点以上が合格、八点以上で追試受験が認められる。

77 学校を覆う不透明性と不平等

二〇一三年一二月一七日

フランスの教育制度はそれほどひどいのだろうか。いや、そんなことはない。ただ、多くの人が信じたがっているよりずっと不平等であることは、言っておかねばならない。どの国も、往々にして事実に目をつぶり、熱心に固有の教育モデルを維持しているものだ。なるほど、フランスの教育モデルにはたくさんの利点がある。小学校と中学校は全額公費負担だし、全国統一の教育課程に基づいており、先生は（教員免許制度はなく）競争試験を経て採用される。こうした点は、多くの国が羨ましがるところだ。また高等教育制度は、慢性的な補助金不足に悩まされながらも、困難な状況の中で若い世代の教育に着実に成果を上げている。

このモデルが行き詰まっている最大の原因は、制度上の不平等を頑なに認めようとしないことにある。したがって、不平等を減らすための明確な目標も設定されなければば、その達成度を民主的・公的に評価・管理する方法も考案されていない。

経済協力開発機構（ＯＥＣＤ）が一五歳の生徒を対象に実施する国際的な学習到達度調査ＰＩＳＡ（Program for International Student Assessment）によると、恵まれた環境で育った子供と恵まれない環境で育った子供の学力格差は、フランスが先進国の中で最も大きかったという(＊1)。この種の比較が必ずしも正確でないことを差し引いても、これはフランスの教育モデルにおいて不平等が強まっている現状に警告を発したものと受けとめるべきだろう。

フランスの教育制度は透明性が欠如している。その顕著な例として、教育優先地区（ＺＥＰ）が挙げられよう。「社会的経済的に恵まれない」地域をＺＥＰに指定し、指定地区内の学校を財政面・教育面で特別に支援する制度である。この制度は一九八〇年代に創設され、九〇年代まで延長され、二〇〇〇年代に改称されて今日にいたっているが、一度として明確かつ計測可能な定義がなされたことはなく、指定の基準も曖昧なら、その指定が適切かどうかを判断する方法もない。さらに現実の問題としては、ＺＥＰは一学級の生徒数の点でいくらか優遇されている（とはいえ通常より二名少ないだけである）ものの、ＺＥＰに配置される先生はおしなべて経験年数が少ないため、むしろ不利益の方が大きい。しかも、生徒一人当たりの公的支出は、最も優遇されている小・中・高校のほうが往々にして多いのである。これでは、「社会的経済的に恵まれない」学校が当初から抱える教育機会の不平等を助長するだけであり、制度の目的とはまさに正反対のことが起きていると言わざるを得ない。

高校教員の給与の決定方法にも透明性が欠如しており、公的支出の不平等を助長する結果となっている。上級教員資格国家試験(*2)という制度自体は悪くない。だが最も恵まれた地区の高校にこの資格を持つ先生が多くいるとすれば、上流階級の生徒に対して、事実上より多くの公的支出がなされていることになる。

同じことが、グランゼコール準備学級(*3)の先生についても言える。彼らはきわめて優秀で熱心であり、高校の先生と同等かそれ以上の給与をもらってもおかしくない。ところが国民教育相のペイヨンは、ZEPの財源を捻出するために準備学級の先生の給与を引き下げるという。彼らを人身御供にする前に、高級官僚は自分たちの不明朗な特別手当や賞与を厳しく吟味すべきだろう。ただし、準備学級の先生の給与体系が透明性を欠いており、一部に容認できない不平等があることもまちがいない。

そして極端な階層化を特徴とするフランスの高等教育においては、透明性の欠如と偽善的な甚だしい不平等が見受けられる。議会は昨夏、各高校の成績優秀者が（理論上は）準備学級に進めるようにする修正案を可決した。だが、この措置を実際にどのように実行に移すのか、具体的な方法は手つかずのままだ。もっと広い文脈で言えば、高等教育へのアクセスに関する社会的不平等を客観的に分析し、対策を講じて教育制度を民主化する試みもなされていない。あの有名な"Postbac"というソフトウェア(*4)にしても、毎年何十万人ものバカロレア取得者が必ず登録するのだが、どのように機能しているのかは謎だし、一度として評価の対象になったこともない。

だが改善は可能だ。たとえばパリの場合、市内の中学生を高校に振り分けるソフトウェア(*5)によって、不平等がいくらか是正されている。振り分けを行うソフトウェアには中学の成績を入力するのだが、このとき給費生にはポイントが与えられるようになっているのだ。その結果、恵まれない環境の生徒がよい高校に振り分けられる率が高まった（ジュリアン・グレネ、ガブリエル・ファクの研究を参照されたい）。このシステムの登場で、振り分けが学校長の裁量的な決定や、学校関係者とコネのある親からの圧力に左右されることもなくなっている。これは教育の民主化という点で、まちがいなく進歩と言える。このシステムを拡大し、給費生に限定せず、より大きな集団にポイントを与えることを考えてもよいだろう。またゆくゆくは、パリの二大名門リセ(*6)にも適用してはどうか。さらに、同様のソフトウェアを大学に導入することも考えられる。ともかくも、こうした事例から、フランスの教育制度の長所を維持したまま、透明性と平等性を高めることは十分に可能であることがわかる。

＊1：二〇一二年度に実施されたPISAには、六五カ国(OECD全加盟国三四カ国を含む)が参加した。国別講評(カントリーノート)では、フランスは数学理解度の成績が前回調査(二〇〇三年度)から一六点下がったこと、理解度の高い生徒(評点五以上)の数はほぼ横ばいだが、理解度の低い生徒(同二以下)が大幅に増えたこと、社会経済環境と成績との相関性が高いことなどがとくに指摘されている。たとえばフランスの場合、数学の成績格差の二二・五%が環境要因による(OECD平均は一五%)。環境要因による得点の上昇幅は五七点(OECD平均は三九点)で、OECD加盟国中で最も大きい。ちなみにフランスは、数学理解度と科学理解度はOECDのほぼ平均的な水準で、読解力は平均を上回った。

＊2：フランスでは、この資格を取得すれば高校以上で、つまり大学でも教えることができる。

＊3：グランゼコールと呼ばれるエリート養成校の入学準備をするクラス(通称プレパ)で、日本の予備校に近い。ただし独立した学校ではなく、一部の高校に設置されている。グランゼコールをめざす生徒は、高校卒業後にここに入って二年間受験勉強をする(準備学級に入るのもきわめてむずかしく、授業は厳しい。仮にここで落第しても、またグランゼコールに合格できなくても、大

学に編入できる）。

＊4：バカロレア取得者は、Admission Post Bac（http://www.admission-postbac.fr）に予備登録する。

＊5：フランスの高校は公立が圧倒的に多く、公立に進む場合には入学選抜試験はない。パリの場合、中学の成績と本人の希望（第八希望ぐらいまで出すようである）に応じてコンピュータ・ソフトで振り分けられる。第一ラウンドで希望校に行けない場合、第二ラウンドで空きのある高校に振り分けられる。

＊6：アンリ四世高校とルイ・ル・グラン高校とされている。

78 不手際なフランソワ・オランド

二〇一四年一月二八日

フランソワ・オランドの政治手腕をどう考えるべきだろうか。この質問に答えるに当たって、最近よく耳にする婉曲表現やお世辞は禁止する。ずばり訊こう。オランドは勇敢な社会民主主義者なのか、熱心な社会改革主義者なのか——社会主義的非効率の権化でないとしたら?

彼は空疎な政策を次々に打ち出している。内容も、その影響も、ほとんど、あるいはまったく考えていないように見える。この調子で続けるなら、オランドは、少なくとも社会保障政策に関してその場しのぎを続ける手際の悪い政治家として、歴史に名を残すことになるだろう。自分が大統領になったら何をしたいのか、選挙の前にもっとよく考えておくべきだった。とりわけ、有権者の前で口に出してしまう前に。

簡単に振り返っておくと、オランドは二〇一二年五月に大統領に就任するとただちに、前任者が始めたばかりの社会保険料の使用者負担率の引き下げを取りやめた。そして六カ月後には、例の「競争力強化と雇用促進のための税額控除（CICE）」というおそろしく煩雑な措置を発明した。これは要するに、企業が払った社会保険料の一部を一年後に還付するという措置である。

そして二週間前、オランドはついにCICEを断念し、二〇一七年までに使用者負担の軽減措置を導入すると発表した。この措置は、二〇一二年夏に放り捨てたものとひどくよく似ている。結局振り出しに戻っただけだが、それでメディアに称賛されるとは、とんだ茶番と言わざるを得ない。

この点は何度でも言いたいが、フランスの社会保障の財源は、民間企業の給与依存率が他国に比べてきわめて高い。これを軽減することは喫緊の課題であり、負担率の引き下げはよい政策である。何も経営者に楽をさせようというのではない。社会保障モデルを民間部門の給与に過大に依存するのは、正当でもなければ効率的でもないからである。

オランドの問題点は二つある。第一に、方針がぐらついて優柔不断であるため、来年、再来年の負担率がどうなるのか、誰にも予想できないことだ。低水準の給与に対する減免措置はどうなるのか、ＣＩＣＥはいずれ打ち切られるとしてもそれはいつなのか、また家族手当の原資となる企業拠出金を廃止すると言っているが、ほんとうなのか――誰にもわからない。

大統領が今回示した途方もない想像力を考えると、心配のタネは尽きない。これがおそらくは任期の切れる二〇一七年まで続くのである。不確実性の五年間は、失われた五年間になるだろう。

そしてオランドの第二の問題点として、より重要なのは、社会保障の財源の新しいモデルを提案していないことだ。右派の国民運動連合（ＵＭＰ）にとって最善の解決策は、付加価値税（ＶＡＴ）を限りなく上げ続けることである。左派は下野していた一〇年間でこの選択を放棄したのだが、政権に復帰すると結局は、付加価値税の増税に踏み切った。たしかに右派ほどの大幅増税ではなかったし、また所得税と資産課税（相続税と富裕税）の比率が高めになってはいるが。

社会党としての今後の課題は、これに続く明確なビジョンを打ち出すことだ。とはいえ、「社会保障目的の付加価値税」に代わる策が一つしかないことははっきりしている。それは、あらゆる所得に対して平等に課税することだ。民間部門の給与、公務員の俸給、年金生活者の年金、資産所得等々、すべてに対してである。総所得の水準に応じて累進課税とする。従来の使用者負担（家族手当に従業員給与総額の五・四％相当、医療保険に一二・八％）をどこかに移転しなければならないのだから、これ以外に現実的な解決は考えられない。

オランドは、すでに前任者が取り組んでいた社会保険料の使用者負担軽減を、まず廃止するために、次に復活させるために、無駄なエネルギーを使った。ほかに取り組むべき課題はいくらでもあるというのに、こんなことをしているのでは、「手際が悪い」と罵りたくもなる。フランスが二一世紀の国際分業の中で自らの居場所を確保するためには、労働コストを引き下げるだけでは不十分である。何よりもまず、教育とイノベーションに投資しなければならない。フランスの大学の多くは悲惨な状況に陥っており、抜本的な対策を講じないとすれば、大統領の任期における最も恥ずべき汚点となろう。

とはいえ、オランドの優柔不断の影響を最も深刻に被っているのは、言うまでもなく欧州政治である。数日前、アメリカの経済学者ポール・クルーグマンはオランドの政策発表を取り上げ、お粗末なマクロ経済戦略の責任を名指しで批判した。(*1) 緊縮財政、景気後退、失業の現状からすれば、ユーロ圏では「一九三〇年代の大恐慌以来のヨーロッパ大恐慌が、今後も続く公算が大きい」という。

残念ながら、クルーグマンは正しい。大統領は新財政協定(*2)の締結に尽力したと見られているが、実際には中身のあることは何も提案していない。財政規律に代わる策は何もないという（誤った）考えを一段と強化しただけである。フランスの左派は、自分たちが負うべき責任をドイツのエゴイズムのせいにしようと躍起になっている。だが自分では、ユーロ圏の政治と財政の統合に関して具体的な案を一度として出したことがない。しかしこの二つを行わない限り、欧州中央銀行がより効果的な政策を推進し、迫り来るデフレを回避することは不可能だ。空疎な政策で時間を無駄にしていないで、自らの歴史的責任を果たす努力をすべきである。

＊1：ニューヨーク・タイムズ二〇一四年一月一七日付コラム "Scandal in France"。この中でクルーグマンは、「供給が需要を生む」というオランドの発言を「セイの法則」へのばかげたこだわりと断じ、「フランスは需要不足でリソース（労働者、資本）が余っているのだ……このままでは日本型のデフレに突入する」と述べている。

＊2：ユーロ圏の財政規律と監視の強化を図るための政府間条約で、二〇一三年一月一日に発効した。

加盟国に厳格な財政均衡ルールを導入するもので、各国は単年度の構造的な財政赤字がGDP比〇・五%を超えないという財政均衡義務を二〇一四年一月一日までに国内法制化する。違反国には制裁が科される。

79 自由とは何か

二〇一四年二月二五日

リベラシオン紙(*1)の経営危機を巡る騒動(*2)には、少なくとも根本的な問題を浮き彫りにするという効果があった。企業の所有主が大株主であって、その株主が権力行使に執着している場合、自由は何を意味するのか、という問いである。強大な権限を握る所有者の独裁を防ぎ、資本と生産手段を民主的に運営する参加型経営を実現するためには、二一世紀の企業のガバナンスはどうあるべきだろうか。これは永遠の問いであり、ソビエトというアンチモデルの崩壊で解決されたように見えたが、実際には繰り返し問われ続けてきた難問である。

新聞をはじめとするメディア企業において、この問題はとくに重大な意味を持つ。メディア企業の所有構造はまちまちで、財団や組合形式であることが多いが、最近になって所有者が利益追求姿勢を強めている。これには、第一に記者の経済的自立の確保、第二に革新的な資金調達モデルの追求という二つの目的がある。メディア業界の経営危機は深刻さを増しているうえ、競争激化と媒体の細分化に直面しており、経営モデル自体の見直しを迫られている（このことは、ジュリア・カジェの最近の研究でもあきらかにされた）。

資本所有の形態は、世界中の文化・教育関連部門が模索している問題でもある。ハーバード大学が運用する寄付金は、ヨーロッパの大手銀行の資本金よりも大きいが、私の知る限りでは、同大学を株式会社に移行しようと提案した人はいない。もうすこし規模の小さい例を挙げると、パリ・スクール・オブ・エコノミクス（パリ経済学校、二〇〇六年創設）は運営委員会に民間出資者が参加している。民間出資者の数は今後いくらか増える予定だが、政府および学術分野の出資者数を必ず下回るように調整される。これはなかなかいいやり方だ。権利濫用の誘惑に駆られる点では、大学へ個人的に寄付する篤志家も新聞の大株主も変わりはないのだから、予《あらかじ》め用心しておくに越したことはない。

実のところ、権限分散の問題は、教育やメディアに限らずサービス業や製造業など、さまざまな統治モデルが共存するあらゆる部門に存在する。たとえばドイツ企業の従業員は、経営参加度がフランスよりもはるかに高い。それが高品質のクルマ作りを邪魔していないことはあきらかである（ギヨーム・デュヴァルの最新作『メイド・イン・ジャーマニー』を読むと、それがよくわかる）。

リベラシオン紙の場合、事態はことのほか重大である。大株主のブルーノ・ルドゥーはいわゆるタックスヘイブン（租税回避地）の愛用者で、自身は税逃れをしていながら、「（リベラシオンの）救済には公的機関から補助金でも出してもらうほかない」などと言い始め、さらにテレビ番組の中で、「誰があいつらに給料を払ってやっているのか、フランス人全員に証人になってもらいたいものだ」と言い放った。耳を疑う発言であり、新聞記者に対する前代未聞の暴言である。これを聞いては、いかにルドゥーが自分はリベラシオンを救いたいのだと言い張ったところで、とても本音とは思えない。とはいえこの発言は、同じ日に当人があきらかにしたプロジェクトとは完全に一致する。それによれば、「リベラシオン」のブランドを活かして「ソーシャルネットワーク」化し、本社ビルはカフェやテレビスタジオなどを備えた文化センターにするという。

こうした言葉の暴力、金さえあれば何でも許されるという傍若無人ぶりを前にしては、市民として、またリベラシオンの読者として、手をこまぬいているわけにはいかない。たしかにリベラシオンの記事には、ときに失望させられることはある。それでも新聞が、有用な情報の流れやばかばかしい情報の洪水を活性化させることはまちがいない。そして民主主義は、情報を広く伝え世相を反映する日刊紙の言論なしには機能しないことを忘れるべきではない。

リベラシオンは存続しなければならない。そのためには、あちこちで言いふらされている株主の二枚舌を暴かなければならない。メディアは、公的資金のお恵みを受けて生き延びてはならないのである。そもそもリベラシオンを含めてメディア企業は、受け取る以上に高い税金や社会保険料を払ってきた。

より大きな枠組みでこの問題を考えてみよう。フランスの経済モデルは、毎年生み出される富の約半分を税金や社会保険料などさまざまな拠出金の形で共有し、国民全員が恩恵を受けるインフラ、公共サービス、国防に充当することで成り立っている。払う側と受け取る側というものはない。誰もが払い、誰もが受け取る。

たしかに経済の一部の部門、たとえば完全な民間部門では、売上げによって費用の全額をカバーすることが前提とされている。だからと言って、公共インフラの恩恵を受けていないわけではない。一方、医療や教育といった部門では、利用者が払う料金では費用のごく一部しかカバーできない。このようなしくみになっているのは、医療や教育などのサービスを誰もが受けられるようにするためだが、もう一つの理由は、完全競争モデルでは事業者が利益の最大化に走り、この種の事業にそぐわないことを歴史から学んだからでもある。いや、そぐわないどころか、甚だ好ましくない。

芸術、文化、メディアなどは、両者の中間にあると言えよう。独立性と競争原理が創造を刺激し活性化することは、たいへん好ましい。だが力を持ちすぎた株主には注意が必要だ。健全なモデルを構築するためには、おそらく資金調達に占める民間資本の比率も両者の中間に設定すべきだろう。つまり、高等教育機関よりは大幅に高く、しかし化粧品会社よりは大幅に低くする。もちろん、むやみに権力を振るいたがる拝金主義者は業界から退場してもらおう。

＊1：哲学者のジャン＝ポール・サルトルが一九七三年に創刊した左派系の日刊全国紙。日刊紙としては、中立系のル・モンド、保守系のフィガロに次ぐ三位だが、慢性的な経営不振に陥っており、発行部数は一〇万部程度に落ち込んでいる。

＊2：大株主が発表した再建計画に記者たちが激怒し、同紙の一面をジャックして「われわれは新聞だ。

レストランではないし、ソーシャルネットワークでもない」と訴えた。現時点でのリベラシオン紙の主要株主は、ロスチャイルド一族出身の実業家エドゥアール・ロッチルド、不動産開発業者ブルーノ・ルドゥー、イタリアの資産管理会社Ersel。パリ中心部にある本社ビルの所有者はルドゥーである。

80

石頭のフランソワ・オランド

二〇一四年三月二五日

案の定、政府は二〇一三年一月から鳴り物入りで導入した「競争力強化と雇用促進のための税額控除（ＣＩＣＥ）」を継続する意志を固めたようだ。この七面倒な税額控除は、新しい政策構想を具体化する目的で、二〇一二年一一月に大あわてで策定された。これは二重の意味で嘆かわしい。まず誰もが知っているとおり、一月の記者会見の際にフランソワ・オランド大統領は、ＣＩＣＥに代えて社会保険料の使用者負担の恒久的引き下げに踏み切ると表明しているのである。そのほうがはるかにわかりやすく、効果的だったはずだ。次に、オランドの石頭は自分のこの「発明品」にいたく執着している。このままではＣＩＣＥは、抜本的税制改革に踏み込めない大統領の無能の象徴となりそうな雲行きである。いや、それだけではない。単に大統領の失政の象徴にとどまらず、すでに十分複雑怪奇なシステムを一段と複雑にしてしまう。

なぜこのような手詰まり状態になったのか、振り返ってみよう。フランスの社会保障制度は、民間部門の給与のみを対象とする拠出金に過度に依存している。これは、年金や失業保険といった代替的所得の財源とする分には正当だが、医療保険や家族手当などまで負担させるのは正当ではない。この種の費用の建前からして、あらゆる所得（場合によっては消費）を対象とすべきである。

フランスの拠出制度はそもそもひどく複雑である。さまざまな制度（フランスでは医療、年金ともに旧来の種々の制度が分立している）に由来する拠出率を足し合わせ、追加的な課税（住宅支援負担金、住宅建設支援負担金、職業訓練負担金、事業税等々）を考慮しなければならない。おまけに年齢や雇用開始日によっては適用除外があるから油断できない。しかもこのほど「世代契約制度」なるものが導入されたばかりだ。これは、若年者の採用と同時に高齢従業員の雇用を継続した企業（ただし従業員三〇〇人以下）に助成金を支給する制度である。

あれこれを足したり引いたりした結果、最終的な使用者負担率は四〇％を上回る。これは、近隣国の二倍近い。この負担率は、法定最低賃金（ＳＭＩＣ）については軽減されるものの、最低賃金を上回ると急上昇し、最低賃金の一・六倍になった時点で四〇％に達する。前政権は大統領選挙の直前になって、この軽減措置を最低賃金の一・六倍以上にも適用することを決めており、この点では現政権よりましだった。

ところが新大統領は、就任するとただちに前任者の軽減措置を取り消した。しかも半年後には、公約を全部反古《ほご》にして付加価値税（ＶＡＴ）を引き上げたうえ、例のＣＩＣＥを発明したのである。ＣＩＣＥは、簡単に言えば企業が負担した社会保険料の一部を一年後に還付するという形の税額控除で、政府に言わせれば、導入初年度からただちに効果を発揮し、失業率を押し下げるという。しかも二〇一四年度にならなければ国家予算の負担は発生しない。

しかし現実には制度が複雑すぎて活用されず、結局は予算の壮大な無駄遣いに終わるだろう。このような制度を完全に理解して活用できるのは、おそらくは大企業だけである。その大企業にしても、この制度が本質的に不安定であることを見抜き、長期的に利用しようとは考えまい。要するに、政府はまさにお金のないときに、それを窓から投げ捨てたのである。

なぜ政府はこんなものにこだわっているのだろうか。公式の理由は、もはや後戻りできないから、というものである。二〇一五年には、前年度の給与について払われた社会保険料の一部を政府は還付しなければならない。だから、二〇一五年になってやめてしまうわけにはいかないというのだ。

この理屈は成り立たない。十分な時間的余裕をもって、たとえば二〇一六年一月一日にCICEを廃止し、使用者負担の引き下げを実施すると通達しておけばよい。二〇一五年に払った給与については還付が行われないからと言って、大量解雇をするような企業はあるまい。せいぜい二〇一五年末の採用予定が翌年初めに先送りされるくらいだろう。この程度の犠牲で、いずれ廃止しなければならないこの厄介な制度から逃れられる。

政府がCICEに執着するのは、単にオランドが自分の誤りを認めたくないからであり、驚くほど従順な大衆に自分の決定を押し付けたいからにほかならない。さらに付け加えるなら、経営者団体や労働組合に対しては、社会保険料というブラックボックスには手を触れず、税額控除という手を使って迂回するほうがやりやすいのだろう。

最悪なのは、CICEには透明性がまったく欠如していることである。第三者機関による評価はいっさい行われず、制度施行後になってから、企業を対象に「この制度を知っているか」「使用者負担の引き下げと比べてどちらが効果的か」というアンケート調査が行われただけだ。これが大統領の考える「正常なやり方」だとすれば、この国のために憂えなければなるまい。

81

アメリカの寡頭政治

二〇一四年四月二二日

未来のアメリカは、寡頭政治と金権政治の国になるのだろうか。このほどアメリカの最高裁判所が、政治献金の一人当たりの上限規制を違憲とする判断を下したことは、この懸念をつのらせる結果となった。現に大富豪のコーク兄弟（フォーブス誌の世界長者番付トップテンの常連である）は共和党最大級の資金提供者であり、最も右寄りの候補者を支援するために、巨額の資金をスポット広告やシンクタンクにつぎ込んできた。まさに「金は力なり」である。「超」のつく不平等がもたらす歪みと、全人口のわずか一%にすぎないコーク兄弟のような最富裕層が次第に政治を牛耳るようになる傾向は、かつてない激しさでアメリカの世論を沸騰させている。「ウォール街を占拠せよ」を合い言葉とする抗議運動が始まって、すでに数年が経つ。彼らの奇妙なスローガン「われわれは九九%だ」にヨーロッパの人々は面食らったものだが、そのヨーロッパにしてもだいぶ前から、福祉国家の近代化と単一通貨に対する不満に直面しており、これらの問題の一因はやはり不平等にある。

オバマ大統領は最近、不平等は「現代の重大な試練」だと述べたが、これは何と言っても、アメリカにおける不平等の拡大ぶりが他国とは比べものにならないからである。まず、エグゼクティブと呼ばれる人たちの報酬が、過去に例のないほど急騰した。そして資産の集中化が加速し、いまや社会的な大問題となっている。上位一％の最富裕層がアメリカの富に占める割合は、ヨーロッパにおける不平等のピーク時、すなわち一六～一八世紀の絶対王政期いわゆるアンシャン・レジームや、一九世紀末から第一次世界大戦までのいわゆるベルエポックの頃の水準に、危険なほど近づいている。ヨーロッパ世襲社会のアンチテーゼとして建国されたアメリカにとっては、衝撃的な事態だ。

アメリカの場合、人口が恒常的に増えていることに加え、大学に活力があり、イノベーションが次々に生み出されているおかげで、当面は超不平等の歪みから免れている。だが、このままでよいとは言えない。アメリカで最初に不平等が拡大したのは一九〇〇～一九二〇年代だが、このときにも社会的に広く問題視された。当時はロックフェラーやグレート・ギャツビー華やかなりし頃で、「金ぴか時代」と呼ばれた高度成長期である。こうした背景から、アメリカは第一次世界大戦後に、所得および資産が最も多い層に重い負担となる累進性のきつい所得税制を導入する。最高税率は七〇〜八〇%、どうかするとこれを上回るほどになった。この税率が約半世紀にわたって続いたのである。

今後数年、あるいは数十年の間に、アメリカの民主政治は当時と同じような対応ができるだろうか。最高裁の決定からするに、この戦いに勝利するには、政治は相当がんばらなければなるまい。アメリカの憲法裁判所はすでに一九世紀には所得税を、一九三〇年代には最低賃金を阻止しようと試みたことがある。どうやら彼らはフランスの憲法評議会に倣って反動的な役割を果たし始めたらしい。いっこうに良心に恥じることなく、保守的な見解にお墨付きを与えたがっているように見受けられる。

事態をいっそう困難にしているのは、二一世紀の世襲資本主義を規制するには、新たな形の国際協力が必要になることだ。アメリカは世界のGDP合計の四分の一近くを占めており、何かを変えるのに十分な規模を持っていると言える。それはたとえば、現行の不動産に対する比例課税を、純資産(資産から債務を差し引いた額)に対する累進課税に変更することだ。こうすれば、最富裕層への富の集中を制限しつつ、すべての人に富を築くチャンスを与えることができるだろう。アメリカにはすでに、米国居住者の銀行口座情報の自動開示をスイスの銀行に認めさせた実績がある。

こうした流れをさらに推し進めるには国際協力が必須であり、EUも相応の役割を果たさねばならない。何よりも望ましいのは、アメリカと協力して、証券や資産の国際登記システムを構築することだ。金融の不透明性や富の一極集中は重大な脅威であり、世界のどの国も無縁ではいられない。フォーブス誌が一九八七年から行っている調査によると、一九八七年から二〇一三年にかけて、世界の最富裕層の資産は平均して年六〜七%のペースで増え続けているという。一方、中流層のペースはせいぜい二%である。寡頭制へと突き進む危険性は、どの国にも潜んでいるのだ。

たとえば中国は、目下のところこの問題にロシア流で臨んでいる。つまり、場当たり的ということだ。新興財閥が権力におとなしく従っていれば、大目に見る。時の権力者にとって脅威になるとか、世論が容認する限度を超えそうだと感じたら、財産を没収する、という具合である。とはいえ中国当局は、このやり方の限界に気づき始めたらしく、資産課税に関する議論が広く行われるようになった。同国の経済規模（もうすぐ世界のGDP合計の四分の一に達するだろう）と、極端な中央集権制（この点ではアメリカを上回る）からすると、手遅れにならないうちに効果的な手を打つことができるかもしれない。

このようにして世界を見渡すと、世界のGDP合計でやはり四分の一を占めるEUには、政治的にばらばらで一枚岩になれないという弱点がある。だが社会保障モデルを成り立たせるための資金確保という観点からすれば、タックスヘイブン（租税回避地）の排除によって世界で最も利益を得るのは、ヨーロッパだ。この問題を将来の欧米間の租税協定の中心に据えるなら、不平等問題に揺れるアメリカを説得し、国際協調を実現できる可能性は高い。

82 投票に行こう！

二〇一四年五月二〇日

次の日曜日には欧州議会の選挙が行われる。(*1) マルティン・シュルツを欧州委員長候補に擁立する中道左派に市民が票を投じれば、ヨーロッパを変えられるだろう。少なくとも社会党系の候補者は熱心にそう訴えてきた。もっとも、社会党はフランスではすでに第一党なのだからフランスを変えられるはずだが、そのことはちょっと忘れているのかもしれない。ともかく、日曜日にヨーロッパを変えることはできるだろうか。

今回の選挙は、これまで行われた選挙と比べて、格段に重大な変革の可能性を秘めていると言ってよい。今回初めて主要政治会派が次期欧州委員長候補を擁立して選挙戦を戦い、選挙結果が欧州委員長の選出に反映されることになったからである。もし社会党系があきらかに過半数を占めたら、欧州理事会はマルティン・シュルツを委員長に選んで欧州議会の承認を得なければならないはずだ。逆に右派と中道右派が多数を占めたら、ジャン＝クロード・ユンケルを選ぶことになるだろう。

シュルツはドイツ社会民主党に所属し、二〇一二年から欧州議長を務めており、ユンケルに比べればまじめで誠実だ。ユンケルは一八年もの長期にわたってルクセンブルクの首相を務めたが、そのルクセンブルクがヨーロッパの中心に位置するタックスヘイブン（租税回避地）であることは、周知の事実である。同国は長年にわたり、銀行口座情報の開示を拒み続けてきた。市民がすべきことは簡単であり、その効果は大きい——ほんとうに重要な急ぎの所用がない限り、日曜日に投票に行くだけだ。

そうは言っても、ヨーロッパを変えるにはシュルツに投票するだけでは足りない。危機後のユーロ圏の経済運営は、じつにお粗末である。二〇一三年から一四年にかけてのユーロ圏の経済成長率は、ほぼゼロだった。これに対してアメリカとイギリスは二％近い。公的債務危機は、当初はアメリカにもイギリスにも打撃を与えたはずだが、なぜユーロ圏だけが信頼を失い、長期停滞に落ち込みかねない状況になってしまったのか。それは、ユーロ圏に共通する制度が機能していないからである。ヨーロッパの成長と社会の活力をよみがえらせるためには、制度設計を根本的に見直さなければならない。

これは「ヨーロッパの政治統合をめざすマニフェスト」(http://pourunеunionpolitiquedeleuro.eu)の骨子でもあり、現在六カ国語に翻訳されて公開されている。マニフェストの主張は明快だ。市場の自由な投機の対象となりうる一八の国の国債に対して通貨は一つしかなく、しかも税制や社会保障制度は互いに対立し衝突する——これは現在機能していないし、将来もけっして機能しない、ということである。ユーロ加盟国は通貨主権を共有する選択をし、それに伴って必然的に、自国通貨を一方的に切り下げるという伝家の宝刀を放棄した。しかしこのときに、加盟国に共通の新たな経済・社会保障・租税・予算制度を導入しなかった。これは最悪の選択だったと言える。

それに、シュルツがどれほどがんばろうと、また彼を擁立する会派が欧州議会でどれほど議席を獲得しようと、首脳会議や閣僚会議の強権に阻まれることになるだろう。国家がただ一人の人間で代表され、密室の満場一致でものごとが決定される状況は、もう打ち止めにしなければならない。この方式に代えてユーロ圏に真の議会を創設し、各国からその国の政治傾向を代表する議員を送り込むようにすべきだ。それなしには、政治の停滞は終わるまい。この停滞ゆえに、アメリカがスイスの銀行に制裁を科して金融の透明性を高めてくれるのを、ヨーロッパはひたすら待つほかなかった。この停滞ゆえに、ヨーロッパは絶えず法人税の減税に走る国を容認し、多国籍企業の税逃れを許してきた。

現在のヨーロッパの機関がいかに機能していないかを雄弁に物語る例を、もう一つ挙げておこう。それは二〇一三年のキプロス危機の際に、欧州財務相会議がキプロスのすべての預金（小口預金も含めて）に対する課税措置を決定したことである。(*2) この嘆かわしい決定は、例によって密室の満場一致で下された。キプロス国民がそんな案を支持するはずがないことを、誰もわかっていなかったのだ。

いまのヨーロッパは大嫌いだと世論はかまびすしいのに、現在の枠組みは何一つ変えてはならないと結論するのは、恥ずべき支離滅裂である。条約というものは絶えず書き換えられてきたし、これからも書き換えられるだろう。手をこまぬいてアンゲラ・メルケルが何か言い出すのを待つのではなく、ヨーロッパの真の民主化を考えて提言するほうがよい。

ヨーロッパを変えるには、アメリカとの多面的な協定を本気で実現することも必要になろう。ＥＵとアメリカを合わせると、世界のＧＤＰの約半分を占める。アメリカ頼み、アメリカ任せでは、自由貿易協定だけで話は終わってしまう。欧州議会と加盟各国の議会の支持を取り付ければ、協定に社会・環境・租税面の規定を盛り込むことも可能なはずだ。ＥＵとアメリカには、自国企業とタックスヘイブンに対して新たな規則を強制するだけの力はある。筆者の考える新たな規則とは、統合的な課税ベースの整備、具体的には証券類の国際台帳、少なくともＥＵとアメリカの台帳である。こうした手を打てば、シュルツも重要な役割を演じることができるだろう。だからすこしだけ夢を見よう、投票に行こう。

＊１：欧州議会選挙は一九七九年から五年ごとに行われており、二〇一四年の選挙は五月二二～二五日に全加盟国で実施された。投票率は四三・一％。得票率は、中道右派の欧州人民党が二九・四三％（二二一議席）、中道左派の社会民主進歩同盟が二五・三〇％（一九〇議席）。この二大会派が引き続き過半数を占めるものの、フランスの国民戦線、イギリスの英国独立党など、欧州統合懐疑派あるいは反ＥＵ政党が台頭し、極右政党が従来の二倍の一四〇議席を獲得した。選挙結果を受けて、欧州議会はユンケルを次期欧州委員長に指名する人事を承認した。

＊２：この決定は結局キプロス議会に否決されたが、キプロスでは取り付け騒ぎが起きて大混乱になった。キプロス危機については、二〇一三年三月のコラムを参照されたい。

83

不平等の火薬庫

二〇一四年六月一七日

ここ一週間、世界の目は再びイラクに集まっている。一月にはすでに、イスラム過激派組織ＩＳＩＬ（イラクとレバントのイスラム国）が、イラク中部の都市ファルージャを制圧。ここは首都バグダッドから一〇〇キロメートルと離れていないにもかかわらず、正規軍は奪回に失敗し、現体制の脆弱さを露呈することになった。いまやイラク北部全体が陥落しそうな勢いである。ＩＳＩＬは現時点で、新国家樹立のためにシリアの組織と連携しているようだ。この新しい国家は、シリア北部からイラク中部の広い地域にまたがっており、一九二〇年に欧州列強が定めた国境線はあっさり無視された。

一連の戦闘は宗教戦争と認識され、スンニ派対シーア派の衝突と見なされることが多い。こうした観点からの分析はもちろん必要だが、顕著な不平等が社会的緊張を引き起こしたという面も見落とすべきではない。この地域では、富の配分がきわめて不平等だ——おそらくは世界で最も不平等である。多くの専門家は、ＩＳＩＬの出現は、サウジアラビアと、首長制をとる中東産油国（アラブ首長国連邦、クウェート、カタール）にとって重大な脅威だと指摘する（とはいえ、これらの国はどこもＩＳＩＬと同じスンニ派だが）。ある意味では、一九九一年のイラクによるクウェート併合が、より大きな規模に再現されているとも言える。

そこまで言わないにしても、人の住まない狭い地域に集中する石油資源の存在によって、この地域の政治・社会システムが重層化し、脆弱化していることはあきらかだ。エジプトからシリア、イラク、アラビア半島を通ってイランにいたる地域を調べてみよう。この地域の人口は約三億に達するが、その一〇％にも満たない産油国だけで、この地域のＧＤＰ合計の六〇％を占めている。しかも産油国では、一握りの人間がこの天から授かった資源の不当に大きな分け前を独占し、大多数の国民、とりわけ女性や移民などは、半ば隷従状態にある。この体制を軍事的・政治的に支えているのは欧米であり、ありがたくもおこぼれに与《あずか》って、サッカークラブの資金に充てたりしているのだ。欧米の民主主義と社会正義の教訓が、中東の若者に何の感銘も与えないのも驚くにはあたらない。

データ収集に関する最小限の条件をいくつか設ければ、中東の所得の不平等は、従来最も不平等とされてきた国（アメリカ、ブラジル、サハラ以南のアフリカなど）よりも甚だしいという結論を容易に導き出すことができる(*)。

不平等の実態を探る方法は、ほかにもある。二〇一三年にエジプト政府が国内の学校教育全体（小学校から大学までを含む）に投じた予算は、一〇〇億ドルを下回った。同国の人口は八五〇〇万である。そこからほんの数百キロ離れたサウジアラビアは、人口が二〇〇〇万、石油収入は三〇〇〇億ドルに達する。カタールは人口三〇万に対して石油収入は一〇〇〇億ドル以上だ。こうした状況で、国際社会は、エジプトに新たに数十億ドルの融資を行うべきか、それとも同国が約束した炭酸飲料とタバコ税の引き上げを待つべきか、逡巡している。

このような不平等の火薬庫を前にして、何か打つ手はあるだろうか。まずはこの地域の人々に対し、欧米の最大関心事は社会の発展と地域の政治統合であって、政治指導者個人との関係維持ではないことを示す必要がある。ＥＵの共通エネルギー政策は、ヨーロッパの価値観や社会モデルの尊重は認めても、中東における目先の国益優先を認めているわけではないのだ。これは、ウクライナやロシアにおいても同じことである。われわれの知る限り、アメリカの覇権はイラクの災厄につながった。力への陶酔は支配的地位の濫用につながりやすく、それは明日にでも再び起きかねない。

つい先日も、規模は小さいながら（しかし無視できるほど小さくはなく）、フランス最大手の銀行ＢＮＰパリバがそれをしでかしたばかりだ。アメリカが金融制裁の対象としたスーダンやイランとあきらかに不正な金融取引を継続し、銀行幹部が辞任する事態となったのである。同行の経営陣は、かつてはよき経営の手本を世界に示すことに熱心だったはずで、まさか巨額の罰金をアメリカ政府に支払い、その結果としてヨーロッパの金融業界を混乱に陥れかねないリスクを背負い込むことに熱心だったわけではあるまい。グローバル化が進む中でヨーロッパとしての重みを維持し、より公正な世界を実現するために、ヨーロッパの結束がかつてなく求められている。

＊：F. Alvaredo, T. Piketty, "Measuring income inequality and top incomes in the Middle East: Data limitations and illustrations with the case of Egypt," Economic Research Forum (Giza, Egypt), Working Paper no.832, May 2014 を参照されたい。

訳者あとがき

本書のもとになっているのは、トマ・ピケティがフランスの日刊紙リベラシオンに二〇〇四年九月から一一年末まで連載した時評をまとめた“Peut-on sauver l'Europe?”(ヨーロッパを救えるか?)である。二〇一二年一月に出版された同書には八一本の時評が収められていたが、その後に二〇一二年一月から一四年半ばまでの二七本が追加された。この日本語版では、古くなったもの、テーマが重複するものを割愛するという基本方針に沿って、八三本を翻訳・収録している。

税制、社会保障、大学改革を中心にさまざまなテーマを縦横無尽に論じ、右のサルコジをばっさり斬ったかと思えば左のオランドをこきおろすという具合で、まさに快刀乱麻、胸のすくような時評集である。一本が原稿用紙にして四、五枚というところ。分量的には日本経済新聞の名物コラム「経済教室」よりやや小粒と考えていただくとよいだろう。しかし中身は濃い。大ベストセラーとなった大著"Le capital au XXIe siècle"（邦訳『21世紀の資本』みすず書房刊、以下"Le capital"）のエッセンスやエピソードも登場する。一九九八〜二〇〇四年半ばまでの時評をまとめた本も出版されているから、おそらく人気コラムなのだろう。

フランスと日本では、税制も社会保障制度も教育制度もずいぶんちがう。どなたかがブログに書いておられて、思わずくすりと笑ってしまったが、固定観念にとらわれないフランス人の創造性は税制にも遺憾なく発揮されているという。なるほどフランスは、付加価値税（ＶＡＴ）を生んだ国である。そして著者がしばしば怒っているように、あれこれ新奇な税が次々に作られる。

日本ではフランスと言えば芸術や文化の国というイメージが強く、特有の社会事情は日本にはあまりなじみがないと考えられること、また本文中でも度々触れられているように、フランスの税制と社会保障制度はきわめて入り組んでいることから、必要と判断した箇所に注をつけた。税制に関してはとくに財務省、日本貿易振興機構（ジェトロ）、税制調査会など、社会保障・労使関係については厚生労働省、独立行政法人労働政策研究・研修機構など、それ以外のさまざまな事柄については在日フランス大使館、内閣府、外務省、国会図書館海外立法情報調査室などの資料を参考にした。情報がとても充実していて、たいへんありがたかった。読者の参考になればさいわいである。

翻訳に当たっていくつか気づいた点について書いておきたい。本書ではpatrimoineという言葉がよく出てくる。これは第一義的には「世襲財産」であり、また「文化遺産」「世界遺産」などの場合にもこの言葉を使う。しかしニュートラルに「財産、資産」を意味する場合もある。"Le capital"の英訳版を見ると、patrimoineはだいたいにおいてwealthというニュートラルな言葉に訳されている。本書ではpatrimoineの訳語を固定せず、文脈に応じて富、財産、資産などに訳し分けた。ただしcapitalism patrimonialのように形容詞で使われる場合は、英語でもpatrimonial capitalismとなっており、日本語訳は「世襲資本主義」としている。

これと関連する点として、ピケティの資本のカテゴリーには異論もあると聞くが、言葉の上でも資産と資本があまり厳密に区別されていないようである（実際、"Le capital"の第3章には、「国民の資本（capital）すなわち国民の財産（patrimoine）」として同一視している箇所がある）。たとえば配当、利子、賃貸料、キャピタルゲインなどを指して「資産（patrimoine）所得」と言ったり「資本（capital）所得」と言ったりしている。また"Le capital"で「資本（capital）課税」となっているものが、本書ではおおむね「資産（patrimoine または fortune）課税」となっている。こちらは「富裕税」と訳されることも多い。本書では個人の資産が想定されている文脈が多いことから、理解のしやすさを考えて「資産所得」「資産課税」で統一した。

翻訳にあたっては、慶應義塾大学の土居丈朗先生に懇切丁寧なご助言をいただいた。また訳稿をフランスの税制にくわしい奥野哲朗さん、小笠智樹さん、渡邉里香さんに見ていただき、貴重なご指摘をいただくことができた。さらに毎度のことながら、日経BP社の黒沢正俊さんにはたいへんお世話になった。この場を借りて、心からお礼申し上げたい。ほんとうにありがとうございました。

二〇一五年一月

村井章子

■著者略歴

トマ・ピケティ (THOMAS PIKETTY)

フランスの経済学者。1971年生まれ。パリ経済学校教授、社会科学高等研究院(EHESS)教授。EHESSとロンドン・スクール・オフ・エコノミクス(LSE)で博士号を取得。2013年出版したLE CAPITAL AU XXIe SIECLE(邦題は『21世紀の資本』みすず書房)が世界的なベストセラーとなり、一躍注目される。その所得格差拡大の実証研究は、リーマン・ショック後の世界経済危機で盛り上がった「ウォール街を占拠せよ」運動に大きな影響を与えた。フランス社会党系の理論家でもある。

■訳者略歴

村井章子 (むらい・あきこ)

翻訳家。上智大学文学部卒業。主な訳書にアダム・スミス『道徳感情論』(共訳)、フリードマン『資本主義と自由』、ガルブレイス『大暴落1929』、ハズリット『世界一シンプルな経済学』(以上、日経BPクラシックス)、アラン『幸福論』、エセル『怒れ!憤れ!』、ブリニョルフソン他『機械との競争』、ラインハート&ロゴフ『国家は破綻する』、『コンテナ物語』(以上、日経BP)、カーネマン『ファスト&スロー』(早川書房)、『リーン・イン』(日本経済新聞出版社)ほか。

トマ・ピケティの新・資本論

2015年1月27日　第1版第1刷発行
2015年1月30日　第1版第2刷発行

著　者　トマ・ピケティ
訳　者　村井 章子
発行者　高畠 知子
発　行　日経BP社
発　売　日経BPマーケティング
〒108-8646　東京都港区白金1-17-3　NBFプラチナタワー
電話　03-6811-8650(編集)
03-6811-8200(営業)
http://ec.nikkeibp.co.jp/

装丁　岩瀬　聡
カバー写真提供　Getty Images
制作　アーティザンカンパニー株式会社
印刷・製本　中央精版印刷株式会社

ISBN978-4-8222-5072-0